未経験からの

自家焙煎

コーヒーショップで独立する方法

市川ヒロトモ
HIROTOMO ICHIKAWA

ぱる出版

1杯分から購入できる街のコーヒー屋さん

とても穏やかな雰囲気を持つおふたりが経営するお店。

木のぬくもりが感じられる店内。

コタ珈琲
〒189-0014 東京都東村山市本町2−7−5
お店の広さ：約10坪
客席数：4席

生豆も分かりやすくディスプレイされ、パン屋さんやお米屋さんのように気軽にお買い物できる雰囲気。

――お店のコンセプトは？

コーヒーのハードルを下げて自宅でコーヒーを飲む人を増やしたいと思っています。そのためにコーヒー豆の量り売りを行っていて、1杯分の量の豆でも買えます。自分で豆を挽いてドリップすることが気になってる、という人にはまずはドリップバッグを試していただいています。

――自分のお店を開業することによって、何がしたかったですか？　どうなりたかったですか？

まずは自分達が健康的な生活ができること。あとは、以前から休日にお花屋さんで花を買って、ドーナツ屋さんでドーナツを買って、それらを家で楽しむのが幸せでした。そのようなお店の一員になりたい。商店街のお肉屋さんやお魚屋さんのポジションのようなコーヒー屋になりたいと思いました。

――コーヒーはどのように勉強しましたか？

コーヒー店で働いたりブログなどインターネットで勉強したりしました。かつては普通のカフェがやりたかったのですが、色々と学ぶうちに自家焙煎の豆売り店の方向に変わっていきました。

――開業に至る道のりは？

開業したいと思ったのは10年ほど前です。それからは、開業に向かってそれぞれオーストラリアに行ったり、自家焙煎コーヒー店で働いたり、間借りカフェをやったりと準備を進めました。それらが縁をもたらしてこのお店の物件をご紹介いただき、開業に至りました。


――開業資金のトータルは？

150〜180万円ほど。物件が大家さんと直接契約なので、敷金のみと格安でした。


――焙煎機は？　コーヒー豆のラインナップ数は？

焙煎はユニオンサンプルロースターを使用しています。コーヒー豆のラインナップは約10種類。


――開業後、どのくらいで黒字化しましたか？

ありがたいことに、知り合いがたくさん来店してくれて初月から黒字となりました。


――開業してみて実際どうですか？　思っていたことと違ったりしました？

開業当初からコーヒー豆がよく売れました。ドリンクもイートインよりテイクアウトが多く、回転を気にしなくて済んでいます。想定していたより良いことの方が多かったです。また、お店の運営において苦労より楽しいことが多く、逆にこんなに楽しくやってていいのか不安になりました（笑）。


――もう一度開業前に戻れるとしたら、何を準備しますか？

特にありませんが、あえて言えばもっと早く開業しても良かったかもしれません。


【私の目から見たコタ珈琲】

おしゃれなコーヒーショップは多いですが、そこにビジネス要素をちゃんと組み込めているところは少ないです。その点、こちらのお店は上手に豆売りに取り組んでいました。1杯分から購入できる豆の量り売りなど、ホスピタリティも伴うビジネスセンスを感じました。

街の人と人を繋ぐコーヒーショップ

店外にもおしゃれなベンチを設置。

COFFEE POST Kubomachi
〒350-0055 埼玉県川越市久保町5－7
お店の広さ：5坪
客席数：店内8席　店外4席

お店の象徴のようになっているPROBAT焙煎機。

豆売りの台には、アロマグラスとアクリルのプライスカードを展示。

——お店のコンセプトは？

ショップコンセプトは、「美味しいコーヒーがいつもそばにある街へ」です。街の人が飲む珈琲の品質が良いものになるように、またたとえ1日の中で嫌なことがあっても笑ってその日を終えられるような、コーヒーや空間を提供したいと思っています。

——自分のお店を開業することによって、何がしたかったですか？　どうなりたかったですか？

最初は自転車を使用した屋台からのスタートでしたが、屋台だとお客様同士の会話が弾みやすく、楽しい場作りができました。実店舗を出店するときも、コーヒーを提供するだけではなく、それをきっかけに人と人が繋がれるようなコミュニティースペースを提供し、そこで過ごすことが1日の楽しみとなるようなお店にしたいと思いました。

——コーヒーはどのように勉強しましたか？

どこかのコーヒーショップで働いたり、スクールなどに通ったりはしなかったです。コーヒーも焙煎も基本的には独学でした。最近では地域のロースターと一緒に勉強会なども開催しています。

――開業に至る道のりは？

大学卒業後、1年間就職しました。しかし大きい会社だったので、自分なりのフィルターを活かした仕事がなかなかできませんでした。そこで自分自身のお店を始めることにしました。最初は知識もお金もなかったので屋台から始めて、自分もお客様も一緒に成長していきたいと考えました。

――開業資金のトータルは？

自転車屋台のときは40万円弱です。そのうち20万円が自転車代です。駅前のコーヒースタンド出店時は150万円ほど、ロースタリーについては400万円くらいです。（焙煎機代は含まず）

――焙煎機は？　コーヒー豆のラインナップ数は？

最初はユニオンの珈琲道楽から始めました。現在はPROBATの焙煎機を使用しています。

――開業後、どのくらいで黒字化しましたか？

屋台は固定費がないので初月から黒字でした。最初の実店舗であるコーヒースタンドのときも、初月から黒字です。

――開業してみて実際どうですか？　思っていたことと違ったりしました？

自分が生み出したもので人が喜んでくれるという嬉しさと満足度がめちゃくちゃ高かったです。最初はお客様が喜んでくだされば良いと思っていましたが、それは勘違いでした。自分が嬉しくなるとそれがお客様に伝わるので、まずは自分を喜ばせることが大切でした。

――もう一度開業前に戻れるとしたら、何を準備するか？

もう少しお金の勉強をしておけば良かったと思います。経営には色々と税金がかかってくるので、事前に知っておけば支払いが来たときにビックリすることもなかったかと思います（笑）。

【私の目から見たCOFFEE POST Kubomachi】

自転車屋台から始めて、数年で駅前のコーヒースタンドと、PROBATのあるロースタリーと、素敵な2店舗を構えられています。人に夢を与えてくれるお店でした。人と人が繋がれる場を提供できることは、コーヒービジネスのもっとも価値のある部分かもしれない、ということにも気づかせてくれました。

コーヒー×音楽でお客様をおもてなし

お店の外観は、まるでジャズ喫茶のような雰囲気。

助成金獲得の際、プレゼンテーションで使用した紙芝居。

UNZEN 山頂珈琲
〒854-0621 長崎県雲仙市小浜町雲仙320
お店の広さ：約8・6坪
客席数：14席

オープン直前の店内の様子。

――お店のコンセプトは？

山に登ったときに飲んだコーヒーに感動したことが、コーヒーを始めるきっかけとなりました。定年も間近なこともあり、好きなことで人の役に立ちたい、自家焙煎で美味しいコーヒーをお客様と共有したい、と思いまして、縁のある雲仙でお店をやることにしました。音楽が好きだったので、ＪＡＺＺ喫茶のように音楽も楽しみつつ、専門店としてしっかりとコーヒーを楽しめるお店を目指しました。

――コーヒーはどのように勉強しましたか？

基本的にはYouTubeなどインターネットで学びました。また、そのとき住んでいた福岡の焙煎店のマスターに色々と話を聞いて勉強しました。

――開業に至る道のりは？

最初はメルカリで見つけた焙煎機で自宅で焙煎を始め、焙煎ノートを作って記録を残すようにしました。そして、焙煎したコーヒーは会社の仲間１００人くらいに飲んでもらいました。その後、近所のパン屋さんに豆を置かせてもらったり、郵便局の小物販売コーナーを利用させてもらったり。このような経験を通して、様々な縁が広がり、徐々に自信をつけることができました。

――開業資金のトータルは？

内装工事と機材代などを合わせて７００～８００万円程度です。

――焙煎機は？　コーヒー豆のラインナップ数は？

焙煎機はハマ珈琲の１kg焙煎機です。コーヒー豆のラインナップ数は15種類程度で、接客時には必ず３種類程度試飲をしていただき、お客様のお好みの傾向をしっかりと探るようにしています。

――開業してみて実際どうですか？　思っていたことと違ったりしました？

自分で商売をやってみた満足度は、思っていたより５倍、10倍はありました。海外の人でも、家族からお土産でもらったコーヒーが美味しくて、わざわざ来日して来店してくれる人がいらっしゃいます。国籍を問わず、満足してくれるお客様が多数いて、それに携われていることは、涙が出そうになるほど私にとって大きな喜びでした。

――もう一度開業前に戻れるとしたら、何を準備しますか？

海外の観光客が多いので、英語を話せるようになっておきたいです。わざわざ雲仙にまで遠くから来てくれている人達なので、忘れられないおもてなしをしたいので。

【私の目から見たUNZEN 山頂珈琲】

こちらのお店のマスターである岡本さんは、「目の前の人がどうすれば喜んでくれるか？」ということにいつもフォーカスされていました。その結果として、色々な縁が広がり商売が順調に立ち上がっていったというご様子でした。これは商売の王道なのではないか、そんなふうに私の目には見えました。

地元の方と観光客に愛されるお店

お店の正面。ドアは開放され、入店しやすい雰囲気。

豆売りのディスプレイのひな壇。オーガニックな雰囲気が演出されている。写真手前は最新型の焙煎機トルネードエース。

すこやか商店 焙煎所
〒506-0016 岐阜県高山市末広町60
お店の広さ：25坪
客席数：12席

観光地エリアということもあり、ドリップバッグの販売に力を入れ、お土産需要を取り込む。

――お店のコンセプトは？

お店は高山の観光地エリアにあり、地元の方と観光客に向けたお店です。お客様の注文に応じて焙煎する自家焙煎のコーヒー豆を中心に、元々会社として取り扱っていた健康的なスイーツなどの食品も販売しています。地元の方々に寄り添いたい、観光客の方がまた高山に来たいと思えるような、そんなサービスをしたいと考えています。

――自分のお店を開業することによって、何がしたかったですか？　どうなりたかったですか？

今まで、すこやか商店というブランドで3年間、通販を中心に販売を行ってきました。通販の販売では、売上がジェットコースターのように大きな波があるときもあって、安定しませんでした。また集客のために広告への投資が嵩み、それによる積み上げもあまり期待が持てませんでした。そこで安定した売上が作れ、また積み上げも期待できる実店舗をやりたいと思いました。社内スタッフにコーヒー好きな方がいたこともあり、コーヒーショップの開業を決めました。

――コーヒーはどのように勉強しましたか？

本を読んだり、YouTubeを見たりしました。また、多くのコーヒーショップを見て回り、参考にしました。

――開業に至る道のりは？

当初は不動産情報を集めてもなかなか物件が見つかりませんでした。結局は自分で１軒１軒テナント物件を訪ねて回り、大家さんに直接交渉しました。その中で良い物件と巡り合い、出店が決まりました。

――開業資金のトータルは？

８００万円弱です。

――焙煎機は？　コーヒー豆のラインナップ数は？

トルネードエースという全自動焙煎機です。コーヒー豆の種類は現在26種類。

――開業後、どのくらいで黒字化しましたか？

２ヶ月目からです。

――開業してみて実際どうですか？　思っていたことと違ったりしました？

実店舗は初めてですので、スタッフのマネジメントなど日々勉強となっています。通販では直接見えなかった部分、例えばお客様の動きや流れが可視化されるので、これも勉強になりました。ここでの学びを通販に持ち込み、活かしていきたいと思います。また嬉しいことに、子供達がマーケティングに興味を持つきっかけにもなりました。休みの日とかにお店に来て、ディスプレイに対して意見を言ってきたり、アイデアを出してきたりします。妻とも、店舗を持って良かったと話しております。

――もう一度開業前に戻れるとしたら、何を準備しますか？

同じことをやるかなと思います。

【私の目から見たすこやか商店 焙煎所】

インバウンド需要の取り込みは、今後のコーヒー業界の大きなテーマかと思います。一次産業ではないコーヒーを使って、日本ならではの商品や店作りはどうしていくべきか、私も常日頃考えています。こちらのお店は、多くのヒントを提供してくれるお店でした。

自宅の一角で開業
煎りたてのコーヒー豆が売り

ナオ珈琲
〒636-0242 奈良県磯城郡田原本町大木306-2
お店の広さ：20坪弱
客席数：14席数

自宅の敷地の一角に建てられている。お客様用の駐車場も完備。

焙煎されたコーヒー豆をディスプレイ。焙煎からの鮮度を保つ工夫も。

――お店のコンセプトは？

自家焙煎のコーヒー豆の販売が中心のお店で、煎りたてのコーヒー豆の美味しさを伝えることがコンセプトです。そのため、なるべく焙煎後２～３日以内に販売できるようにしています。

――自分のお店を開業することによって、何がしたかったですか？　どうなりたかったですか？

学生の頃にみんなが集えるような喫茶店をやりたいと思っていて、ここ10～15年くらい再びそれを考えるようになりました。その頃には焙煎にも興味が出てきて、自宅での焙煎を始めました。自分で焙煎したコーヒーの味が良く、喫茶店ではなく自家焙煎のコーヒー豆売り店に方向転換しました。

——コーヒーはどのように勉強しましたか？

コーヒーの雑誌を読んだり、ネットなどで勉強をしました。またコーヒースクールも利用しました。個人店で開催しているものや、UCCなど大手のものにも参加したりしました。

——開業に至る道のりは？

最初はテナントを借りることも考え、何年か検討していました。そんな折に自宅の建て替えをすることになり、それならば一緒に敷地内にお店を建てた方が良いと考え、開業に至りました。

——開業資金のトータルは？

1，000万円弱（建物含む）。

——焙煎機は？ コーヒー豆のラインナップ数は？

ハマ珈琲の1kg焙煎機です。コーヒー豆は20種類程度の用意があり、その中から常時12～13種類ほどを焙煎して販売しています。また、その12～13種類全ての試飲を用意しています。

——開業後、どのくらいで黒字化しましたか？

初月から黒字でした。

——開業してみて実際どうですか？ 思っていたことと違ったりしましたか？

ワンオペでお店をやっているので、本当は豆売り一本でやりたいと思っていました。しかしイートインの需要も高く、現在はモーニングやランチもやっています。豆売りが伸びているので、今後は大きな焙煎機の導入を検討しており、それに伴ってイートインは縮小するかもしれません。

——もう一度開業前に戻れるとしたら、何を準備しますか？

準備面ではやれることはやり尽くしたので、特にやり残したことはありません。強いて言えば、もう少し焙煎の勉強や練習をじっくりやる時間があれば良かったかなと思います。

【私の目から見たナオ珈琲】

自宅の一角を利用してランニングコストを下げつつ、コーヒーの豆売りで着実に売上を積み重ねている印象です。豆売りの売上は初速が出にくいですが、イートインで上手にニーズを取り込み、当面の売上を確保されていました。多くの方の参考になるお店かと思います。

アレルギーフレンドリーの焼き菓子と楽しむコーヒー

MUNI COFFEE & BAKE
〒810-0014 福岡県福岡市中央区平尾2－7－2
お店の広さ：約4・5坪
席数：3席

――お店のコンセプトは？

アレルギーフレンドリーなお店がコンセプトです。植物性の原材料でグルテンフリーの焼き菓子とコーヒーを販売しています。

――自分のお店を開業することによって、何がしたかったですか？ どうなりたかったですか？

アレルギーなど食事制限がある方が相談できる場所だったり、働ける場所だったりを作りたいという思いが原点です。また、アレルギーを持った方でも、工夫すれば普通に生活ができることを広めたいと思っています。

カウンターの冷蔵ショーケースで、お店の特徴であるスイーツを訴求。

シンプルだけど可愛いパッケージング。

――コーヒーやスイーツ製造はどのように勉強しましたか？

ブログやYouTube、本を使って独学で修行しました。どこかで修行したことはありません。

――開業に至る道のりは？

主婦をやりつつ、カフェでバイトをしたりしながら、物件探しをしていました。

――開業資金のトータルは？

約760万円です。

――焙煎機は？　コーヒー豆のラインナップ数は？

焙煎機はアイリオです。コーヒー豆は13種類です。普段の生活に取り入れられるようなコーヒーの販売を心がけています。

――開業してみて実際どうですか？　思っていたことと違ったりしました？

知識がない状態で開業したので当初は心配でしたが、特に深い知識がなくても大丈夫だと分かりました。コーヒーの販売に関しては、ディスプレイや味の説明など分かりやすさが、思っていたよりも重要でした。お店が常連さんの心の拠り所になれている部分があり、そのような誰かの生活の一部になることが実現できて良かったです。また、子供達に働く姿を見せることもできました。そんなこともあってコーヒー店の開業は、自分にとって非常に満足度が高いです。

――もう一度開業前に戻れるとしたら、何を準備しますか？

安心して経営をスタートさせるために、資金調達をしっかりしておきます。また、他のコーヒーショップと仲良くなってネットワークを持っておいたり、デザインの準備などもしておきたいです。

【私の目から見たMUNI COFFEE & BAKE】

自分がやりたいこととコーヒーをかけ合わせたお店、という意味で多くの人の参考になるお店かと思います。こちらのMUNIさんはアレルギーフレンドリーのお菓子、というやや尖った商材がメインです。ですが、そこにコーヒーの豆売りを上手に組み込んでいます。

はじめに

2023年、本業であるコーヒーショップ運営を卒業した私は、約1年半かけて国内外のコーヒーショップを巡る旅に出ました。

その旅で500店舗以上の、自家焙煎で豆売りもしているお店に立ち寄りました。

以前と比べて、個性豊かなお店の数が爆増していました。それぞれのオーナーさんの開業までの経歴やルートも、バラエティ豊かです。

共通しているのは、コーヒーが好きな人。自分らしく生きたい人。

彼らの個性豊かな商売のスタイルを見ていると、**「コーヒーを商売にするって、自由度が高いな」**と思います。

- 職人気質で、コーヒーの品質を追求する人……
- ひたすらデザインにこだわる人……
- 自分の好きなものとコーヒーをかけ合わせる人……

・本業をやりながら、労力がかけられる範囲で、自分なりにリスクが取れる範囲で始めている人……

こんなに自由度が高い商材って、コーヒーの他にないのでは？　と思います。

コーヒーはあらゆる飲食店で提供され、また飲食店以外のお店でも提供されるものです。コーヒーはどんな業態でも親和性があるアイテム。自由度が高いことは、当然かもしれません。

私は、そこに魅力を感じます。

コーヒーのその自由度の高い特性を活かせば、**「コーヒーを利用して、もっと多くの人が金銭的にも精神的にも豊かになれる」。**

そうすれば、**「たくさんの個性的なショップが日本中にできて、この業界はもっと面白くなる」**と思います。

そうなれば、私のコーヒーショップを巡る旅も、さらに楽しいものになるはずです。

とはいえ、自分のコーヒーショップを持ちたいと思いつつも、行動に移せていない人も多いかと思います。

巷では、「コーヒーショップは儲からない」なんてこともまことしやかに言われていたりします。

確かに自分のお店を持つことや、自家焙煎したコーヒーを販売することは、一見ハードルが高いように見えるかもしれません。

世の中に、コーヒーの知識や技術的なことを教えてくれるスクールやワークショップは、たくさんあります。

しかし、**一番大切なコーヒーを使った商売の本質的で実践的なノウハウ、つまり「売上の作り方」まで教えてくれるところは見当たりません。**

現状のままでは、コーヒーで独立したい人は、コーヒーの知識やスキルしか学ぶことができません。

それでは集客や売上作りの力を培うことができず、開業のハードルを高いと感じて一歩踏み出せない人が多いままです。

中には勇気を持って踏み出せる人もいますが、しかし大きなリスクを抱えての開業となります。

コーヒーの知識やスキルを獲得できる仕組みは十分にありますが、その先の適切な高さのステップ、それも一番大切なステップがないんです。
ここに、大きな断絶があると感じます。

そこで私は、このステップ作りに取り組もうと思いました。

今まで私は、色々な業態のコーヒーショップを様々な場所で立ち上げてきました。

また、開業コンサルティングやオンラインスクールを運営する中で、さらに知見も蓄積されました。


それらのエッセンスをまとめたものを出し惜しみなく公開するものが本書となります。


未経験の方でも安全に独立・開業できるように、できる限りのノウハウを詰め込みました。

自分らしく、豊かにお店の開業・運営ができるようになるために。

最初のステップから最後のステップまで、開業までに必要な全ての重要なことを本書では提供します。

目次

Chapter 1

開業までの最低限の準備とは

Chapter 2

コーヒーショップのネット集客入門

Chapter 3

コーヒー生豆の仕入れ・選び方・焙煎度合い決定方法

Chapter 4

自分のスタイルに合った焙煎機の選び方

Chapter 5

自分のお店のスタイルに合ったコーヒーマシン・必要設備の選び方

Chapter 6
テナント選びのコツ

Chapter 7
コーヒーショップの内装のやり方

Chapter 8

実店舗でのコーヒー豆の売り方

Chapter 9

コーヒーショップがやるべき商材の全て

Chapter 12

事業計画・収支例・オペレーション

本文デザイン・DTP：松岡羽（ハネデザイン）

Chapter

1

開業までの最低限の準備とは

Chapter
1-1

独立は、怖いもの

サラリーマン家庭に育った私は、独立や開業はとても危険なもの、という認識を植えつけられていました。

そのため、**「独立という上手くいくか保証されていないこと」に自分の人生を賭けるのは、とても怖かった**です。平気で独立を選べるような人と自分とは、全く別の人種かのように思っていました。

ただし、自分が独立してみて、また独立している人とのつき合いが増えて、分かったことがあります。

それは、**独立している人でも、恐怖や不安は感じている**、ということです。何が違うかというと、**その「恐怖や不安」とのつき合い方を体得している**んです。

恐怖や不安の正体を見極め、その対処ができるようになることは、実はそんなに難しいことではありません。

しかも社会の成熟によって、その対処法の選択肢はより広がり、より手軽なものになりました。

そもそも、独立の不安や恐怖の正体とは何でしょうか？　多くの場合は、「失敗すること」かと思います。言い換えると、**「稼げないこと」**です。

多くの人は個人で稼ぐ経験を持っていません

ので、この不安や恐怖はとてもナチュラルな反応かと思います。

そして、いざコーヒーショップの開業をリアルに意識したとき、どのくらい売り上げればどのくらい稼げるか？　と計算をすることになります。

お店のスタイルやテナントの家賃などにもよりますが、**小さなコーヒーショップを自分一人で運営する場合、月商80万円程度あれば黒字化するケースが多い**かと思います。

すると、定休日などを考えると、**1日あたり3・2万円程度**の売上が必要になります。

もっと具体的に計算してみましょう。

・ドリンクとしてのコーヒーは80杯の売上（1杯あたり400円で計算）

・または、コーヒー豆約5kgの売上（100gあたり600〜700円で計算）

両方が売れると仮定して、つまりドリンク40杯とコーヒー豆2・5kgを毎日売り続けなければいけません。

どうでしょうか？　想像できますか？

多くの人は、ここで「やっぱり厳しそうだな。独立は危険だ」とブレーキがかかるかと思います。**1日3万円程度の売上が、イメージできない**からです。

そうなると、独立に向けて一歩踏み出すことは難しい。

こうなった場合に多くの人が採る方法は、**「勉強や修行」という名の「先送り」**です。

「もっとコーヒーや経営の勉強をしないと」

コーヒーショップで生計を立てるには

売上	月商80万円
原価	24万円（原価率30%とすると）
家賃	15万円
水道光熱費他	5万円
利益	36万円 （ここから自分の給料を支払う）

月商80万円作るには、毎日の売上が……

コーヒー40杯 (※1杯あたり約400円計算)	約16,000円
コーヒー豆2.5kg (※100gあたり約650円計算)	約16,000円
1日合計	約32,000円

月25日間営業として

32,000円×25日＝800,000円

「もっと修行して、美味しいものを提供できるようにならないと」

「資格を取得して自己プロデュースしないと」

「もっとお金を貯めないと」

などなど、もっともらしい理屈をつけて、先送りの自己正当化をしてしまいます。

そして残念なことに、**「勉強や修行」は「失敗することへの恐怖」への有効な対処になり得ません。**「稼げない不安」に対処するには、ピントが外れているからです。


そのため、何年もずるずると踏ん切りがつかないままで、同じことを繰り返しがちになります。新しい情報があれば飛びついたり、良さそうなセミナーがあれば受講してみたり……。

そのうち生活に追われてモチベーションも失っていく。そんな自分がとても情けなく、つい自分を責めてしまう。

……これって、実は過去の私です（笑）。

では、そのような状態に陥らないためには、いったいどのようにすれば良いのでしょうか？

Chapter 1-2

開業を実行に移せない原因を見極め、対処する

独立に対する不安や恐怖とは、具体的に言うと**「稼げないことに対する恐怖」**です。

だから、この対処方法はすごくシンプル。

つまり、**「稼ぐこと」**です。

個人で稼ぐ経験を積み、そのやり方を体得し、何よりも自信を獲得する。そして、**「開業してから1日3・2万円を売り上げることができる自分」**これをイメージできるようになること。少なくとも、**「何とかなりそうだな」**という手応えを掴むこと。これが特効薬です。

ただし「個人で稼ぐ」となると、最初は月1万円稼ぐイメージも持てない人が多いかと思います。しかしそれでも、**まずは1円でも良いので個人で稼いでみる**ことです。ネットショップでも、イベント出店でも、間借りカフェでも、方法は何でも良いです。

動き出すと課題が無限に見えてきます。

- **仕入れは？**
- **商品作りは？**
- **メニューは？**
- **商品説明は？**
- **価格設定は？**
- **プライスカードは？**
- **パッケージは？**
- **POPやショップカード、ポイントカード**

は？

- 集客は？　発信は？　ＳＮＳ運用は？
- 販売方法は？　ネット？　リアル？
- 他との差別化は？
- リピート化を促す仕組み作りは？

このような課題が、何十、何百と押し寄せてきます。

最初、個人で稼げるイメージが持てず不安になる原因は、ここにあります。クリアすべきことの数が多過ぎてハレーションを起こし、課題の解像度が粗くなり、結果として**「漠然とした不安」**になります。でも、**その不安は幻想です。**

実は、**課題を一つひとつ見てみると、ハードルがそれほど高くないことが分かります。**

仕入れ先なんて、ちょっと検索したら出てきますし、誰でも購入可能です。コーヒーの焙煎や抽出も、今はYouTubeで学べる時代です。デザインも、Canvaなどの無料サービスで簡単に作れます。販売サイトも、今は30分で簡単に作れます。しかも無料。集客もＳＮＳで無料です。やり方もネット上に無料で落ちています。

ノウハウは全て無料で、しかも簡単に手に入ります。難しいことは何ひとつなく、能力やスキル、経験の有り無しすらも関係ありません。

「稼ぐ力」とは、難易度の低い膨大な数のスキルの集合体。

何となくハードルが高そうに感じますが、それは取り組むべきことが多いから、何となくそう感じてしまうからに過ぎません。

車を乗れるようになることと一緒です。

マニュアルを読み込んだからといって、座学でいくら勉強したところで、運転が上手くなるわけではありません。ハンドルのどの位置をどのくらいの強さで握り、カーブを曲がるときにはどのくらい動かし、どのタイミングでどのくらいの強さのブレーキをかけるか。そのとき、視線はどこに向けておけば良いのか。

覚えること、やるべきことはたくさんあります。しかしその多くが、**実践を通して身につけるもの**です。実践していく中で、多くのことが少しずつ、でも一気にできるようになります。

つまり、**実践が先。**
勉強や修行は、その中に自然と組み込まれているものなんですね。

まずは、始めてみましょう。動き出すとクリアすべき課題が見えてきて、一つひとつ解決していけば、「稼ぐ力」が身につきます。

Chapter 1-3

「個人で稼ぐ」を実践する

車の教習所では、公道を走る前に教習所内で実車訓練を行います。今まで、コーヒーで脱サラ・独立する人は、いきなり最初から公道で運転を始めるようなものでした。事故を起こすリスクを抱えながらの独立でした。

ただし、世の中は変わりました。そうです。**「副業」や「ダブルワーク」**です。これが教習所の役割を果たし、安全に自分のビジネスを開始することができます。

手段は何でも良いです。

ただし、**コーヒーショップなどでのアルバイト勤務などはおすすめできません。**あくまでも、目的は**「個人で稼ぐこと」**です。

アルバイト勤務などで得られるのは、「そのお店に特化した、そのお店のやり方」に過ぎません。あまり意味がなく、これも「独立先延ばしの正当化」のうちの一つです。

個人で稼ぐためには、次の実践が必要です。

- **自分で商品を作る**
- **自分で集客する**
- **自分で販売する**

先に少し例を出しましたが、コーヒーが商材の場合に一般的に考えられる手段としては、以下のようなものがあります。

- **コーヒー豆のネット販売**

・イベント出店
・間借りカフェ
・棚貸し

　このようなところに、SNSなどでの情報発信と絡めてやっていくことが考えられます。それらを少し詳しく説明してみます。

・コーヒー豆のネット販売

　これはもっともポピュラーな手段かと思います。**BASEやSTORESといったサイトを使えば、誰でも簡単にショッピングサイトが持てます。**

　とても手軽に利用できるサービスで、慣れている人であれば30分あれば作れてしまいます。また、商品が売れたときには決済手数料が取られますが、基本的には無料です。

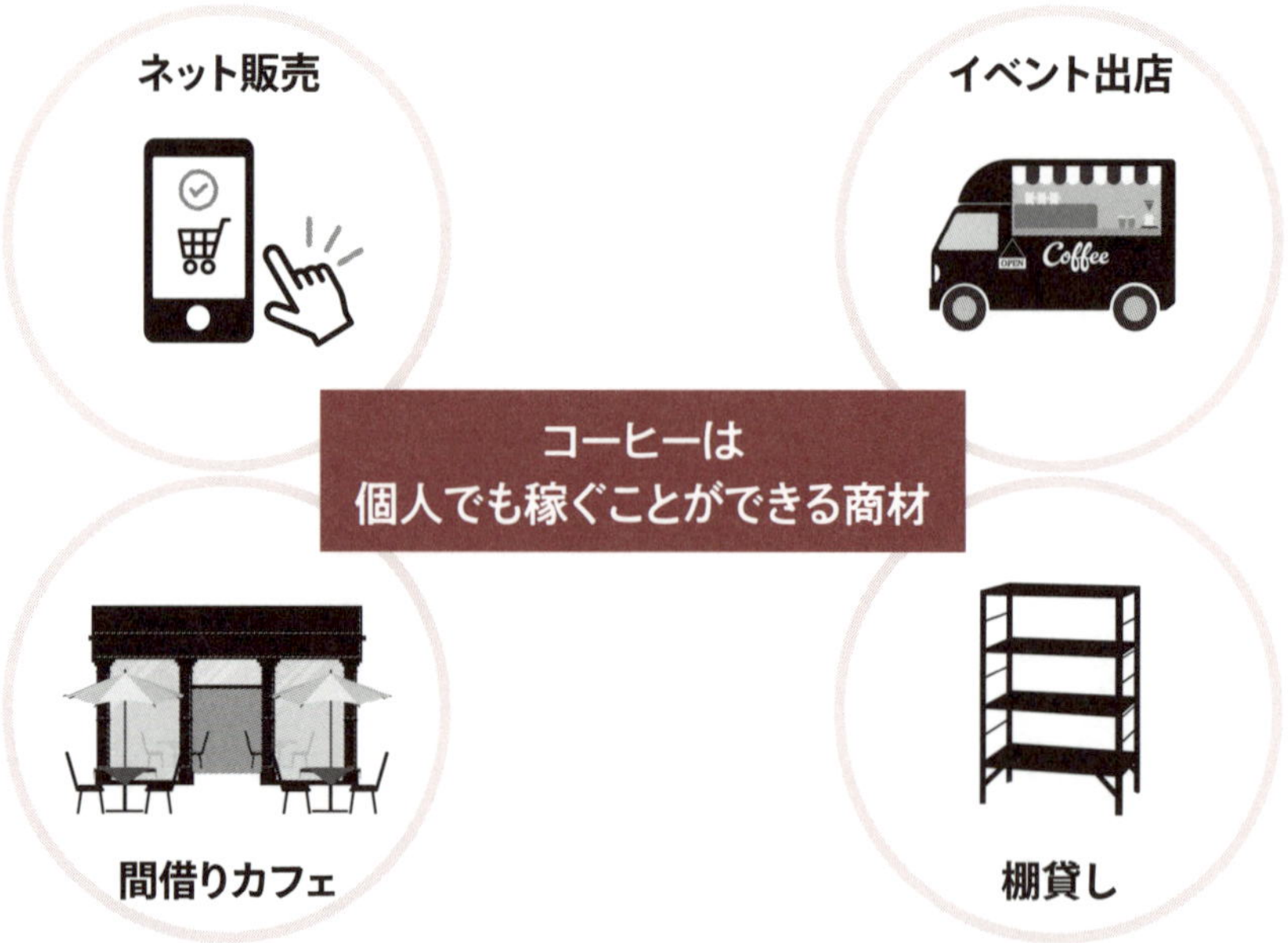

・イベント出店

各地の広場などで開催されている**週末マーケット。参加費を払うことで、出店することができます。**

最近ではコーヒーに特化したイベントも多く開催されるようになり、しかも人気を集めています。出店する場所や機会は増えています。

・間借りカフェ

現状営業しているお店の、営業時間の合間を縫って、お店を借りる方法です。カフェの定休日を利用したり、BARの営業していない昼間の時間帯を利用したり。

特に、喫茶店やカフェなどをやりたい方、ドリンクやフードの提供が好きな方には、おすすめです。

・棚貸し

お店の棚の一部に、自分の商品を出品させてもらう方法です。売上金の回収もお店側がやる場合が多く、手数料や出品料を支払います。

他の手段と比べて労力が少なくて済みますので、忙しい方にはおすすめです。

これらを複数組み合わせて、副業を行う方もいます。

初期投資額は、道具を一から購入した場合でも、10万円以内で収めることが十分できると思います。

リスクを取ることなく、今の自分に見合った投資額で、今の自分にできる労力の範囲内で、安全に、個人で稼ぐ実践を始めることができます。

そして、実践を通して必要な力を身につけ、独立に向けて現実的に、しかも最短の距離を進むことが可能です。

個人で月に数万円でも稼ぐことができたら、それはもう「仮免許の取得」です。そうなれば、教習所を出て公道を走っても良いのではないでしょうか？

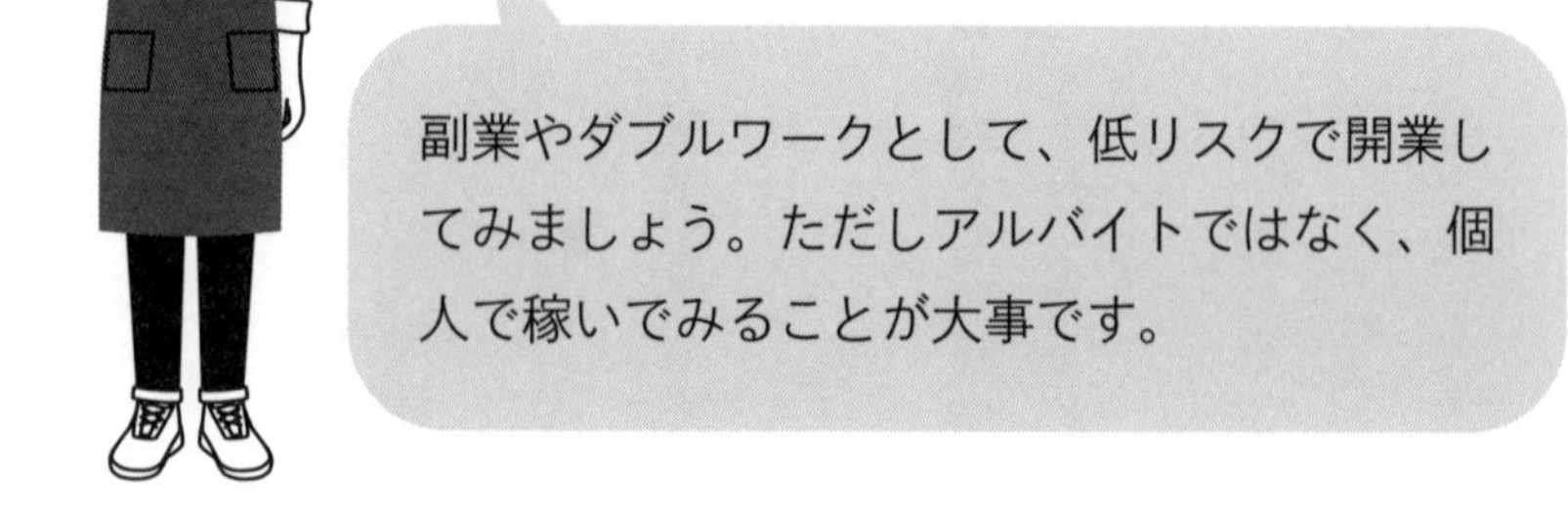
副業やダブルワークとして、低リスクで開業してみましょう。ただしアルバイトではなく、個人で稼いでみることが大事です。

Chapter 1-4

お店のコンセプト作り

それでは、いったいどのような商品で、どのような方法で、個人で稼ぐ一歩を踏み出せば良いでしょうか？

これは副業でもリアル店舗の経営でも言えることですが、おすすめは**「一点集中突破」**です。

今やどの駅にも一つは自家焙煎コーヒーショップがある時代です。コーヒーショップのレベルも上がり、どのお店でもスペシャルティ品質の美味しいコーヒーが楽しめます。

インターネットの世界は尚更です。数多くの魅力的なショップがシノギを削っており、まさにレッドオーシャン。競争が苛烈です。

情報発信にしても同じです。集客のためにＳＮＳなどを活用しようとしたとき、コーヒー関連の情報発信をしているアカウントの多さに圧倒されます。自分の存在感を出せる可能性なんて、どこにもないように感じる人も多いかと思います。

そこで有効なのが、フィールドを狭く絞ること。**総合力では勝負にならなくても、何かに特化し、そこに集中すれば優位性を勝ち取りやすいです。**

これは**「ランチェスターの弱者の戦略」**といって、マーケティングでは有名かつ定番の手法です。

絞り込むフィールドは、商品カテゴリ、エリア、客層など何でもOK。 自分の特性や長所、興味のあることと、ニーズのありそうなことなどをかけ合わせて考えます。

- 深煎りのコーヒーが好きだったら、深煎り特化
- パンが好きな人だったら、色々なパンとのペアリング特化
- エチオピアのコーヒーに詳しかったら、エチオピア特化
- 出店希望エリアがオフィス街であれば、サラリーマン向け特化
- 感度や意識が高い層向けに、オーガニックやカフェインレスなどに特化

以上のような、色々な一点集中が考えられます。

でも、フィールドを絞ることに、最初は抵抗があるかもしれません。特化すると、やりたいことが全部できない……。色々な可能性まで切り捨てることになるんじゃ……。そこまで絞ったら、大きな売り上げが期待できないのでは……。

そんな不安もよく分かります。**でもそれは、ビジネスが分かっていないから、思うこと。**

そのような人は「良いものを作れば、売れる」という幻想を抱いているのかもしれません。ビジネスの感覚が幼く、ただコーヒーが好き、という人に多い特徴です。

良いものを作っても、美味しいコーヒーを提供できても、まずは人に認知されないとスター

トラインにも立てません。認知され、興味を持たれ、他店との比較に勝ち、信用されて、はじめて売上は作れます。

しかし、他と同じような商品・同じような情報発信では、今の時代は確実に埋もれます。

コーヒーの界隈はマーケットが成熟しており、プレーヤーが無数にいるからです。最初は誰かに認知されることすら、難しい。

そこで、**「特化」**です。何かに特化するということは、認知されたり、興味を持たれたり、信用されたりするのに、とても効果的です。

なぜなら、次のような成果が得られやすいからです。

- **発信内容や商品が分かりやすい**
- **情報や商品が、ニーズに深く刺さる**
- **特化している分、競合と差別化しやすい**
- **その分野の専門家として認知され、信用されやすい**

そして、実際に認知を獲得して売上を作れてから、徐々にフィールドを広げていくことは可能です。一度結果が出せるまで行けたのであれば、ビジネスの筋力がついてきた証拠。

同じやり方で、別のフィールドでも戦えます。

深煎りのブラジル特化でやったことを、今度は深煎りのエチオピアでもやってもいい。今まででついたお客様に、新しいカテゴリの商品を提案してもいい。

じわじわと周辺の領域を侵食し、活動のフィールドを段階的に広げていくことができるかと思います。

ランチェスターの弱者の戦略

基本戦略「差別化」

①局地戦……ニッチな市場を狙う

②一騎打ち……ライバルのいない場所で戦う

③接近戦……顧客に近く寄り添う

④一点集中……ターゲットを絞る

⑤陽動作戦……マネされないように

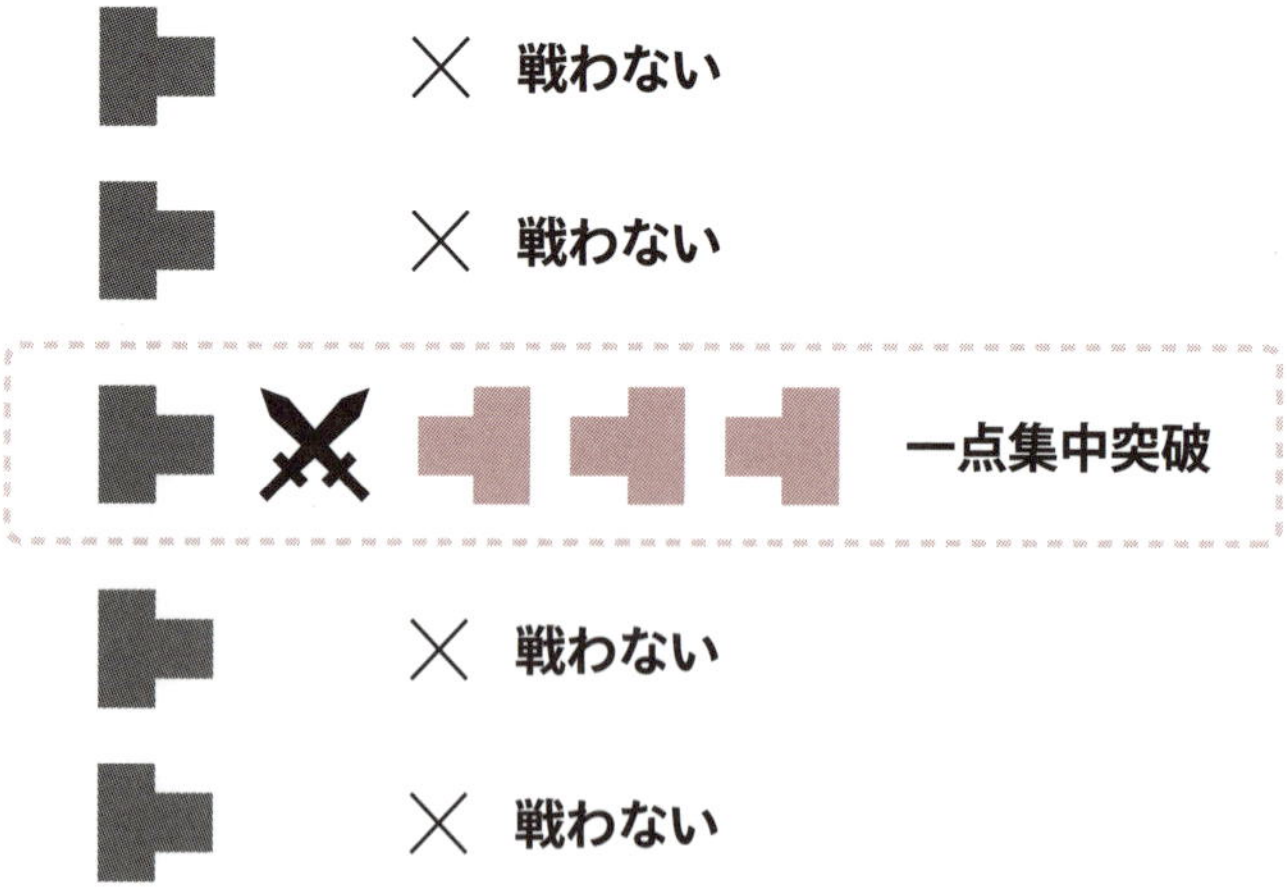

戦わない
戦わない
一点集中突破
戦わない
戦わない

お店のコンセプト作りを動画で解説！
https://www.youtube.com/watch?v=vaOs 0nRnKFg

Chapter 1-5

開業までにどこまで勉強・準備すべきか？

「コーヒーの焙煎や抽出は奥深いもの」。一般的にはこう思われていることが多いですし、コーヒーショップ開業を志す方は特にその傾向が強いと思います。

なので、「自分のような未熟者が、人様にコーヒーを提供するのはまだ早い」と思いがちです。**しかしこのような考え方は、これから独立をしようとする人にとって、ピュアで未成熟過ぎる感覚です。**

確かにコーヒーは奥深いものではあります。ただし、売上を作るということから逆算して考えると、実は技術的なハードルは低い。

売上を作るには、どのレベルのハードルをクリアすれば良いかというと、**「お客様に、価格に見合った価値を提供する」というレベル**です。そして、**そのレベルまでの焙煎や抽出のスキルは、数日あればマスターできる程度のもの**です。

お客様が感じ取る価値とは、味だけではありません。**価格、お店の雰囲気、パッケージデザイン、接客、サービス、利便性など、ものすごく多様です。**味や品質は、価値全体のほんの一部に過ぎません。

コーヒーの世界は本当にどこまでも深く、よく「沼」と表現されるほどです。

しかし、その部分にとらわれるあまり、価値の多くの部分を占める「味や品質以外の部分」が疎かになるのは、非常に危険。考え方としては、**「価値を構成する全ての要因で70点を取ること」**。そして、70点であれば、どれもハードルは高くありません。全てのスキルを満遍なく学び、伸ばすことで効率的に開業を成功させる力を身につけることができます。

味や品質で80点や90点を目指すのは、開業を成功させてからやればいいのです。

そのためには、**コーヒーの勉強や修行は最小限で済ませ、やはり「個人で稼ぐ実践をすること」。**これに尽きます。

個人で稼ぐ実践的なやり方については、ネットで検索すれば出てきますし、前著『ダブルワークからはじめる　カフェ・コーヒーショップのつくり方』でも詳しく書いているのでこの本では省きます。

この実践を通じて、お客様が受け取る価値の多様性を感じ取り、それらを提供できる自分を作り上げましょう。

そのとき、次のようなことを体得できます。

「稼ぐための、難易度が低いけど無数のスキル」
「弱者の戦略という商売の基本」
「総合的な価値提供ができる力」

これらを体得した頃には、自然と結果がついてきます。

個人で1万円稼げたのであれば、それを10万円、100万円と増やしていくことは難し

くありません。一度結果が出たことを拡大していくことは、比較的容易だからです。しかも、**成長や成果は加速していくもの**です。

確かに、最初の結果が出るまでには取り組むべきことが多く、どうしても時間がかかります。**0→1の部分が一番ハードルが高いです。1万円稼ぐまでが一番長く、険しかったりします。**

そのため、じっくりとコーヒーの勉強や修行をしている暇なんてありません。まずは、**「実践」**なんです。

カフェ開業の勉強・準備のやり方を動画で解説！

https://www.youtube.com/watch?v=xhqbx9307m0

お客様が感じ取る価値はコーヒーの味だけではありません。まずは価値を構成する全ての要因で70点を取ることを目指しましょう。

Chapter 1-6

それでも始められない、というあなたへ

それでも、「コーヒーで個人で稼ぐのに一歩踏み出せない」という方も多いかと思います。その気持ちもよく分かります。かつての私もそうでした。

これだけお伝えしても始められない方は、実は「始めたくない方」なのだと思います。

どういうことかというと、**自分の好きなことでお金を稼ぐのって、とても怖いこと**なんです。

誰もが、失敗は怖いですし、傷つきたくないもの。特にそれが「好きなこと」なら尚更です。「好きなことで失敗する」って、とても絶望的な感じがしませんか？

その恐怖を本能的に避けるため、無意識に「先延ばし」を選択するのが普通です。そして、先延ばしを自己正当化するために、「勉強や修行」に走るというのは、先に書いたとおりです。

これに対する特効薬は、「稼ぐ実践を通して失敗することに慣れること」かと思います。

やっぱり、実践するしかありません。

ただしもう少し解像度を上げて言うと、**「未熟な自分のまま実践し、失敗するかもしれない自分にOKを出すこと」**なのかもしれません。

最初から上手くいく人なんていません。上手くいっている人でも、完璧な準備を整えた人なんていません。**そして上手くいっている裏に**

は、膨大な失敗の積み重ねがあります。

そのような人は「自分が未熟であること」や「自分が失敗すること」を受け入れてますし、それを前提として実践しています。なぜそれでも実践できる勇気が持てるかというと、**「失敗を積み重ねていく中でしか準備は整わないし、いつかは上手くいく」ことが体験的に分かっているから**です。そのような経験が過去にあるからです。

一度そのような成功体験を積むと、未熟で失敗する自分を受け入れることができます。**結果として、フットワークが軽くなり、実践の手数が増えていきます。**

そうなると自然と稼げる体質になり、「好きなことで勝負できる自分」になっていけます。

好きなことで稼ぐことが怖い、というのは、とてもナチュラルな反応です。つい先延ばししてしまう自分も、同じようにとてもナチュラルです。そんな自分を責める必要はありません。ただし、対処法は体得する必要があります。

未熟で準備不足なまま一歩踏み出し、失敗を積み重ね、でも最終的には、個人で少しでも稼いでみる。

ささやかな成功体験ではありますが、自分のマインドを変えるのには十分な体験です。行動も変わり、実践の質と量が爆上がりします。そうなると、今までの自分には見えなかった可能性が見えるようになります。

すると、**最大の障害であった「独立の不安や恐怖」の大部分が、幻想であったことに気づく**

はずです。その後も不安や恐怖がなくなるわけではありませんが、少なくとも適切な対処はできるようになります。

そして、この段階に到達すると、もう独立を阻むものはありません。**気づけば、リアルの店の開業後に達成するべき「1日3・2万円の売上」というハードルなんて、「何とでもなる」と思える自分になっていることでしょう。**

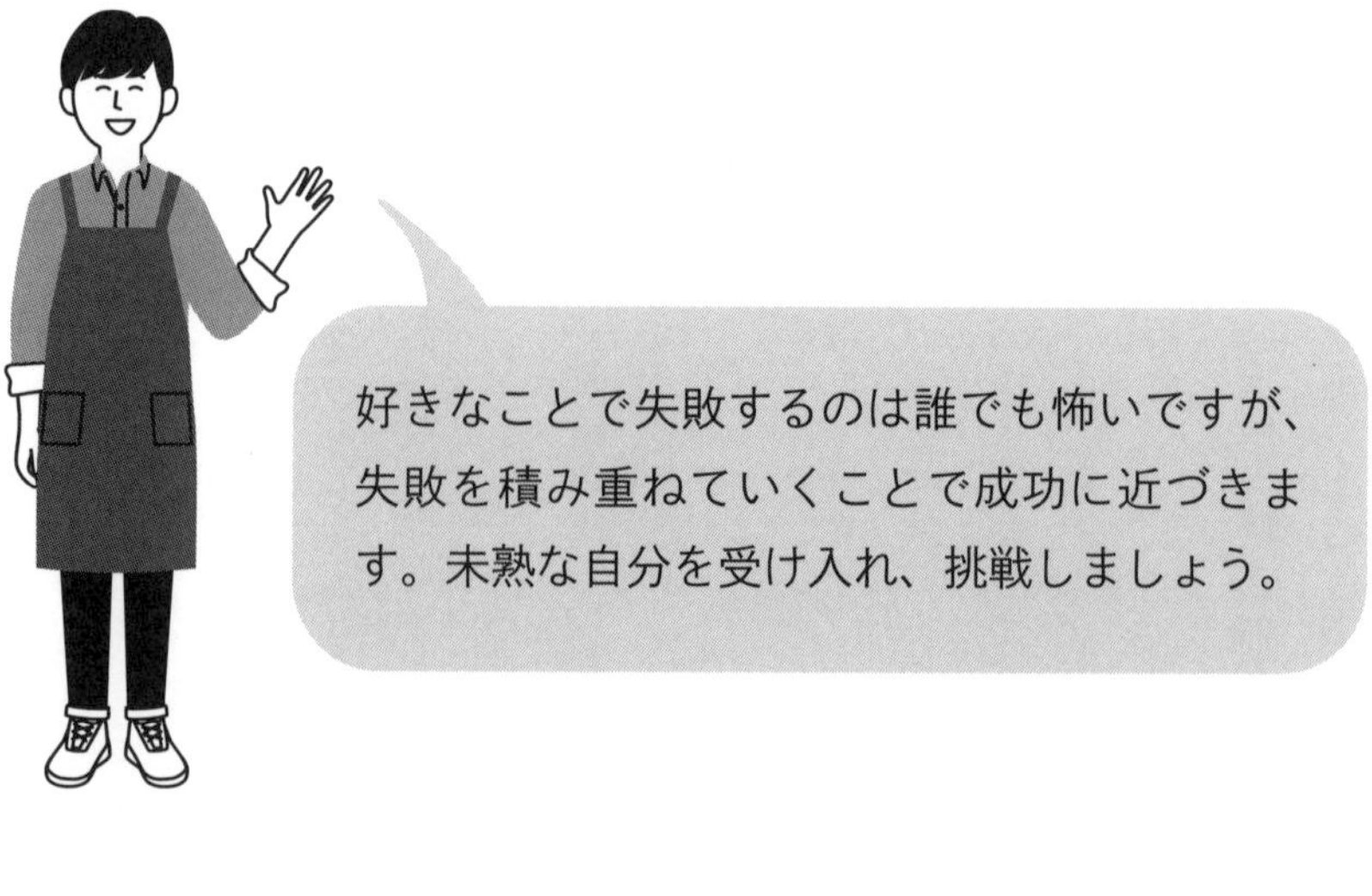
好きなことで失敗するのは誰でも怖いですが、失敗を積み重ねていくことで成功に近づきます。未熟な自分を受け入れ、挑戦しましょう。

Chapter

2

コーヒーショップの
ネット集客入門

Chapter 2-1

ネットでの集客にチャレンジしよう

このチャプターでは、インターネットでの集客の基本を解説します。**ネット集客はコストがかからず、副業でも取り組みやすいです。**手軽に取り組めますので、実践に踏み出す一歩として適しています。

しかし、インターネット上での集客は、リアルの実店舗での集客よりも難しい。戦うフィールドが広く、無数の競合がいて、認知されることすらハードルが高いからです。

ただしそれだけに、ネット集客に取り組むと、ものすごく力が身につきます。集客のあらゆる筋力が鍛えられ、**それは実店舗の集客においても大きな力を発揮します。**

ネット集客は現代に欠かせません。コストがかからず取り組みやすいですが、実店舗での集客より難しい面も。コツを摑んで運用しましょう。

Chapter 2-2

まずは全体像を把握し、適切なツールを選択する

インターネットでの集客は、SNSマーケティングやSEO（ネット検索対策）など、使えるスキルやツールが無限にあります。**ツールには流行り廃りがありますし、商材との相性や自分の特性との相性も大事です。**

そこで、まずはインターネットを使った集客の全体像を理解する必要があります。その上で、自分にとって有効なツールを選択し、組み合わせて運用することになります。

ネット集客で使う主なツールは、以下の通りです。

- YouTube（動画）
- X（文章・写真・動画）
- Instagram（文章・写真・動画）
- Facebook（文章・写真・動画）
- ブログ（文章・写真）
- TikTok（動画）
- Pinterest（写真・動画）
- メルマガ、LINE（文章・写真）
- ホームページ、ネットショップ（文章・写真・動画）

学ぶと有効なスキルは、以下になります。

- Google検索対策（SEO対策）
- Googleマップ対策（MEO対策）
- マーケティング（WEB、SNS）

- セールスライティング
- 画像編集
- 動画編集

以上が主なものですが、これだけでもかなりの数です。片っ端から手を出すのも良いのですが、**適切なものに絞って集中して取り組んだ方が、効果が得やすいかと思います。**

ただし、どちらのツールを選んだところで、クリエイティブ（製作物）に大きな違いはありません。**文章か、写真か、動画か。この3つのうちのどれか、もしくはその組み合わせです。**

つまり、一つのクリエイティブを作ると、複数のツール（プラットフォーム）に同時にアップすることができます。

Facebook と Instagram のように、自動で連携するものもあります。

そのため例えば、文章が得意であれば、文章特化。ブログとXを中心に、メルマガと組み合わせてみる。

動画に興味があれば、YouTubeを中心に、ショート動画もやってInstagramとTikTok、ついでにXにも投稿してみる。

このように投稿する内容を共通化させることで、効率的に活動していくことができます。

Chapter 2-3

集客の全体像をデザインする

文章で勝負するのか？　それとも画像か、動画か？　もしくはその組み合わせか？

それが決まったら、**メインウェポンとなるツールを一つ選択**しましょう。そして、**そのメインウェポンを中心とした、集客の全体像をデザインします。**

今回は、今やほぼ全てのコーヒーショップが活用している、Instagramをメインウェポンにした例を挙げてみることにします。投稿するコンテンツは、写真とショート動画を中心に活用することにします。

集客の全体像は、このようなイメージです。

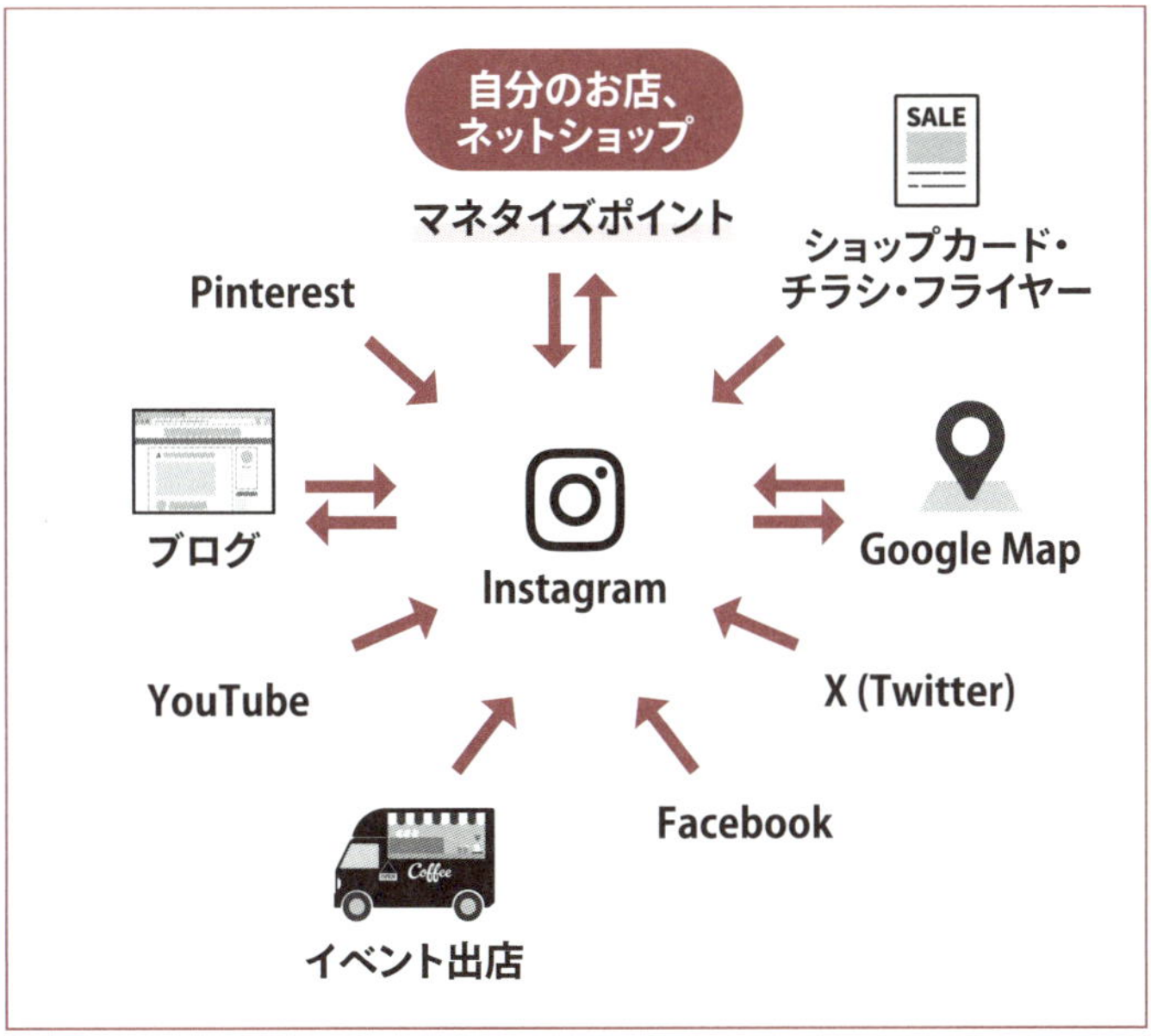

Instagramを中心に色々なツールを同時併用しますが、そのアクセスをInstagramに流すように設計することがポイントです。

写真を投稿するとしたら、Instagramと同時にFacebook・X・Pinterestが使えます。ショート動画を作成したならば、Facebook・X・TikTok・YouTube・Pinterestなどにも投稿できます。**それらをサブウェポンとして活用します。**

そして、各サブウェポンからはリンクを使い、アクセスをInstagramに誘導します。

メインであるInstagramではアカウントのフォローを促し、**フォロワーを積み上げる**ように心がけましょう。**そして、Instagramからマネタイズポイント、つまりネットショップや実店舗に誘導します。**

なぜ、各サブウェポンから直接マネタイズポイント（ネットショップなど）にアクセスを流さず、わざわざInstagramを経由させるかというと、**「積み上げが期待できるから」**です。**これがネットショップやホームページでは、フォロワーが増えません。**ブックマークしてくれるかもしれませんが、そんな人はごく一握りでしょう。

しかし、Instagramをフォローしてくれたり、YouTubeであればチャンネル登録してくれたりすると、効果が積み上がります。**日々の投稿が一度きりの効果にとどまりません。**フォロワーが増えれば増えるほど、アカウントの影響力が増します。

一度の投稿の効果が増し、それは集客力になっていきます。

そのため、メインウェポンは何でも良いというわけではなく、Instagramのように「アカウントをフォローする仕組みがあって、積み上げ効果が期待できるもの」を選ぶ必要があります。

そして、メインウェポン1本で戦うのではなく、それを補助するように周囲のツールも活用する。投稿内容は共通化して、作業を効率化する。


この全体のデザインを理解しないまま、ツールを単体で活用する人が多いです。しかし、それではあまりにもったいない。

Instagram単体の活用でも、上手くアカウントを伸ばせる方も確かにいます。でも、今は競争が激しいです。多くの人の場合は、サブウェポンの力が必要になると思います。

自分の得意なことを活かせるツールをメインウェポンに選びます。サブウェポンからも誘導して、メインウェポンのフォロワーを増やしましょう。

Chapter 2-4

発信の基礎　～発信することで信用を貯めて、商品販売によって換金する～

メインウェポンを決め、サブウェポンを活用したアクセスの流れをデザインしたら、**次は発信の内容**です。

ここでも、多くの方が間違ってしまいます。**普通に投稿内容を考えると、「宣伝」をしてしまいがちです。**

コーヒーショップのアカウントの投稿内容を見ると、その多くが

「新商品発売のお知らせ」
「今月の営業日、営業時間」
「キャンペーンの告知」
「イベント出店のお知らせ」

といった、つまり「宣伝」です。

インターネット上で、知らない人や知らないお店の宣伝を見たところで、反応する人は少ないです。中途半端に、おしゃれな商品を綺麗な写真で投稿したところで、効果は期待できません。SNS上には、キラキラした写真ばかり埋もれます。**そして、宣伝ばかりしているアカウントを、フォローしたくなる人もいません。**

まずは、**自分のアカウントに興味を持ってもらい、信用してもらうことに注力する**必要があります。そのためには、**情報発信は「GIVEに徹する」ことが重要**です。自分の投稿を見た人が、その投稿を見たことで何かプラスとなるような、そんな投稿を積み重ねるようにします。

つまり、発信や投稿内容の基本的な考え方は、**「見る人にとって価値のある発信を行い、興味や信用を獲得し、それを積み上げること」**です。

例えば、コーヒーが好きな人のために、コーヒー抽出の最新のレシピなどを投稿したり、家でのコーヒー豆の保存方法を投稿したり、コーヒーにまつわる何か笑えるネタを投稿したり。

そのような投稿を継続すると、コーヒーに関心のある人の興味を引くことができます。

ここでも活きてくるのが、「一点集中コンセプト」です。

世の中にはコーヒーのSNSアカウントが無数にあります。その中から興味を持ってもらうためには、やはり何かに特化することです。

・深煎りのコーヒーに特化

・エチオピアコーヒーに特化

・フレンチプレス抽出に特化

以上のような、自分や自分のお店の特性に合った、特化した発信を行います。

そうすることで、差別化ができて興味を持たれやすいですし、また特化した分、専門家として見られますので**「信用の蓄積」にも繋がります。自然とフォロワーが増えます。**

やがてフォロワーの数が1，000人を超え、アカウントの影響力が高まると、加速度的に信用が積み上がります。**ここまで来ると、ネット上で自分の商品がちらほらと売れ始めます。**

このように、**インターネットでの集客とは「発信によって信用を蓄積すること」**なのです。「宣伝」では一時的な興味は獲得できるかもしれませんが、信用の積み上げは期待できません。**「宣**

伝」はＧＩＶＥではなく、むしろ「ＴＡＫＥ」だからです。

　何者でもない一個人がインターネットの世界で集客するためには、**一点集中で特化した有益な発信で「ＧＩＶＥ」しつつ、専門家としての信用を積み上げていくことが、最短距離**かと思います。

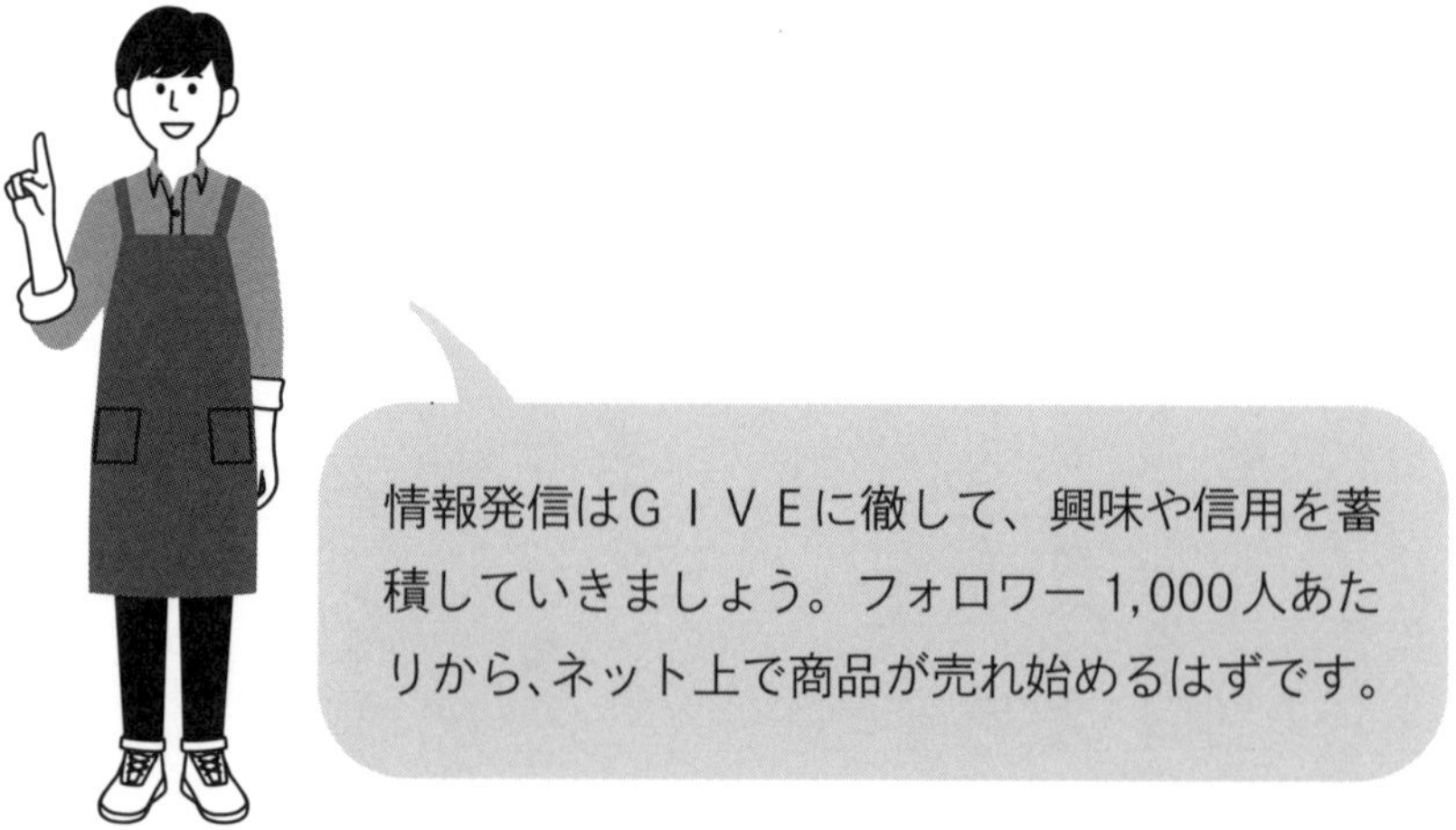
情報発信はＧＩＶＥに徹して、興味や信用を蓄積していきましょう。フォロワー1,000人あたりから、ネット上で商品が売れ始めるはずです。

Chapter 2-5

Instagramの活用方法

それではもっと具体的に、Instagramの活用方法について解説します。とはいっても、まともに解説すると一冊の本になるくらいのボリュームになるため、基本的な部分の解説となります。細かい部分は実践しながら情報を集め、ノウハウを身につけていってください。

まず、Instagram運用の目的は、**「自分の商品に興味を持つフォロワーを増やすこと」**です。

最終的に売上に繋げたいので、自分の商品に興味がないフォロワーを集めたところで、意味がありません。

そのため、運用の方針としては、**「自分が特化したことで、プロフィールと投稿内容を揃えること」**が重要です。

▼ Instagramのプロフィールを作成する

まずはプロフィールを整えましょう。個人の方でよくやりがちなのが、自分の属性を全て盛り込んでしまうこと。

- コーヒー
- 筋トレ
- キャンプ
- 旅行
- カメラ
- 酒
- アラフォー

などなど、自分の趣味や属性をこれでもか、これでもかと入れてしまいがちです。

しかし、そのようなアカウントにすると分かりにくいし、魅力が伝わりません。**誰も他人のことには興味がありません。**潔くプライベートなことは削ぎ落とし、**プロフィールも一点集中のコンセプトに沿ったもの**が望ましいです。

プライベートな投稿も楽しみたいならば、サブアカウントを作って、そちらでやりましょう。

アイコン、プロフィール文、投稿内容、全て特化したもので統一させ、分かりやすいアカウントに整えます。すると印象深いアカウントになり、興味を持たれて認知されやすくなります。

お店のアカウントの場合、**ハイライトも重要**です。ハイライトとは、ストーリーズ投稿をプロフィールの画面上に表示する機能です。通常ストーリーズ投稿は24時間で削除されますが、それをハイライトにして常時露出させることができます。

この機能を使い、次のような情報をハイライトで設置することができます。

- **お店へのアクセス**
- **お店のメニュー**
- **お店の営業日、営業時間**
- **お問い合わせ**

このようにして、**Instagramのプロフィールをお店のホームページ代わりにする**ことができます。実際、ホームページを持たずにInstagramの運用で代替するお店は増えています。

なお、プロフィールにはリンクが置けますので、そこからお店のホームページやネットショップにアクセスを流すことができます。

Instagramのプロフィール例

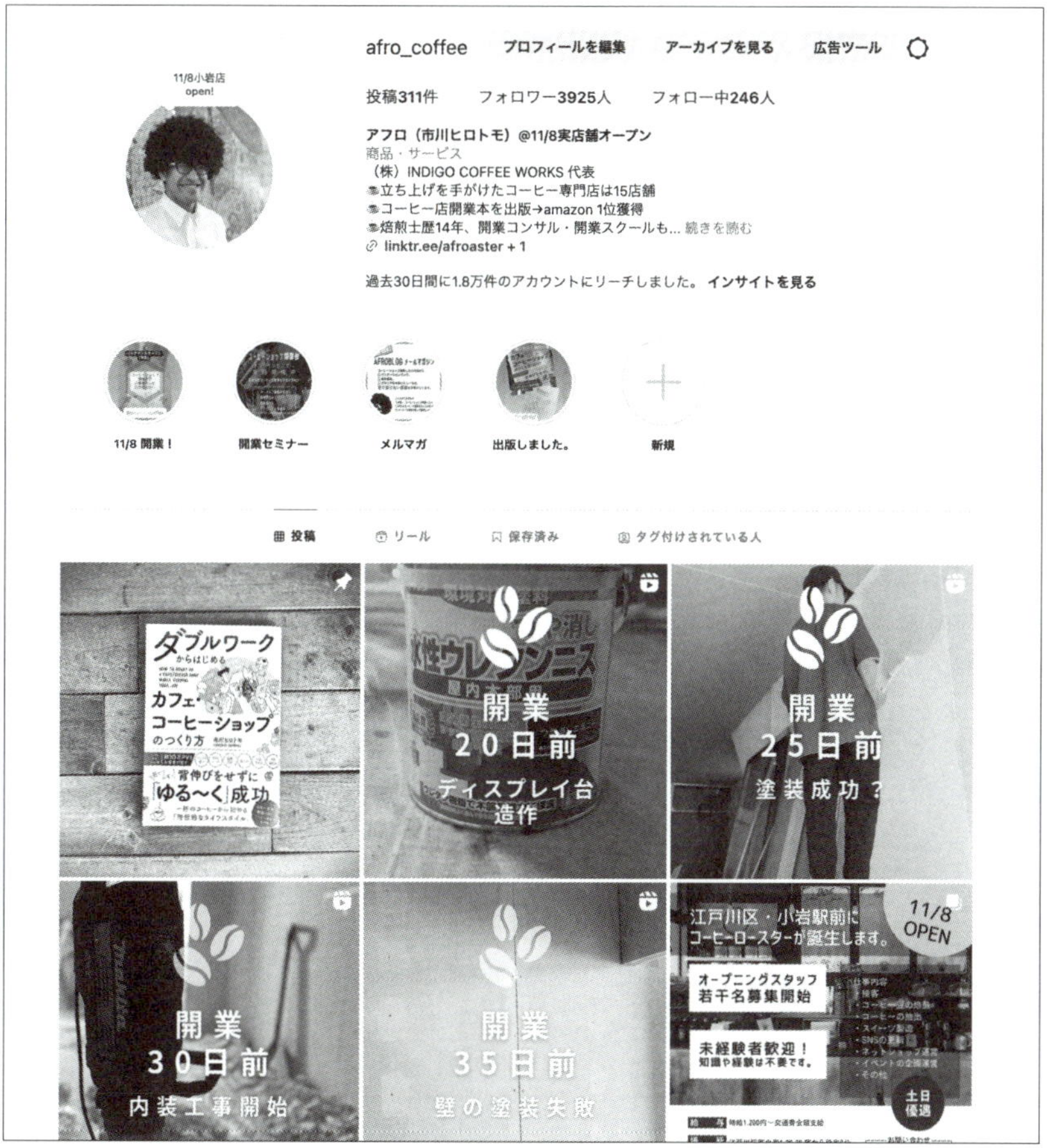

Instagram のハイライト例

Instagram のプロフィール例

Instagramのハイライト例

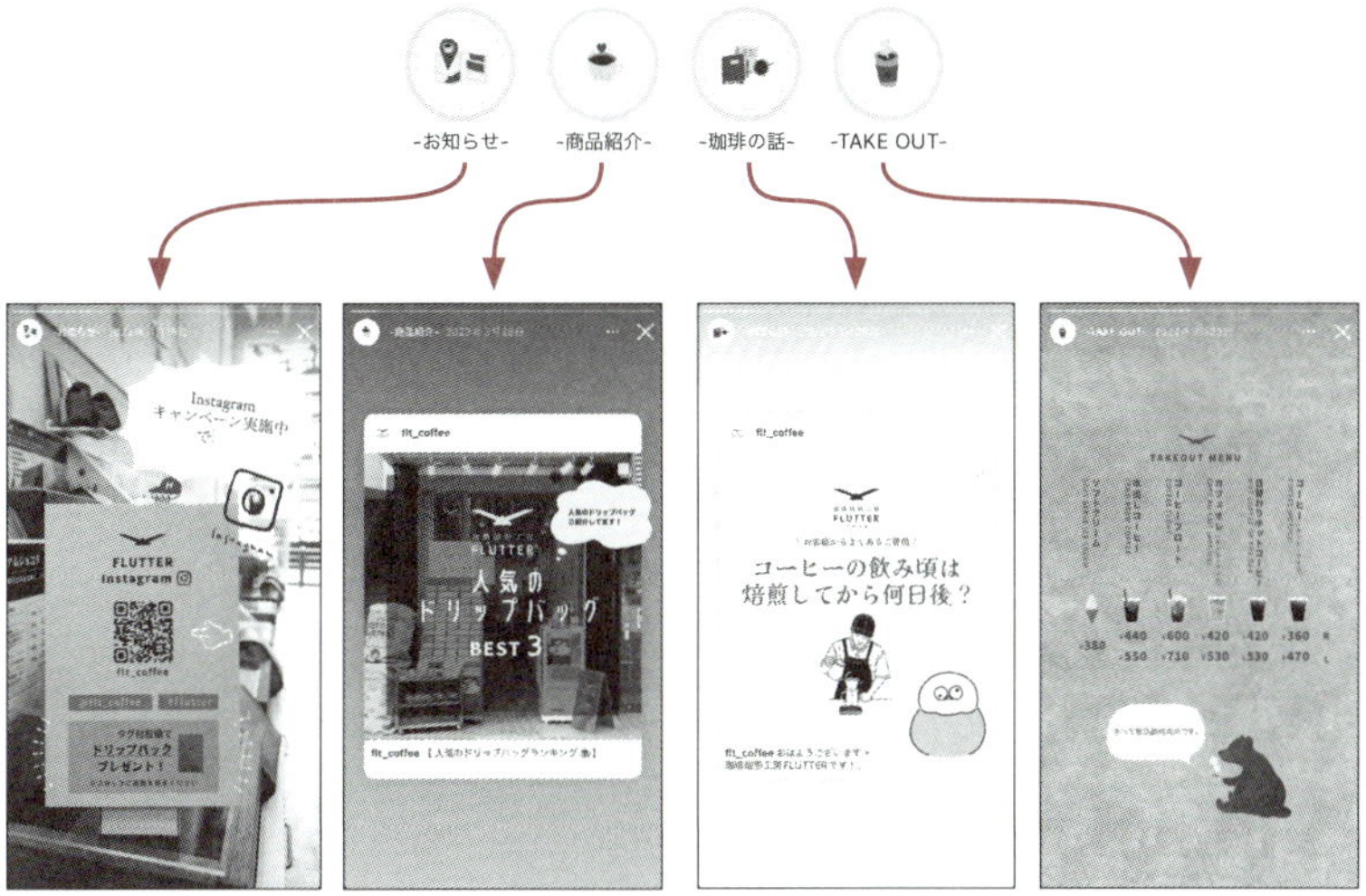

▼投稿は特化した内容で統一する

プロフィールを整えたら、次は実際に投稿していきましょう。投稿する内容も、当然一点集中で特化した内容です。

個人的な、「今日は〜〜に行った報告」、「今日食べた食事」、「自分は、こう思う」のような、**プライベートな投稿は基本NG。**誰も他人のことなど興味はないし、そんなアカウントをフォローしたいと思いません。

発信は、次の2つがメインです。

① 有益情報の発信
② 共感を得るための発信

目的は、商品を売るための潜在的な顧客層と繋がることです。お店のアカウントであれば、人材採用を目的にする場合もあります。

①有益情報の発信は、例えば「深煎りのコーヒー特化」であれば、以下のような感じになるかと思います。

- **深煎りのコーヒーを美味しく抽出する方法**
- **深煎りのコーヒー豆のおすすめランキング**
- **深煎りのコーヒーが有名な名店ランキング**
- **深煎りのコーヒーとペアリングするおすすめスイーツ**

投稿に統一感を持たせ、そのアカウントを見た人がフォローしたくなるような、**専門家ポジション**の獲得を狙います。

ちなみに、私のInstagramアカウントは、「コーヒーショップ開業の専門家」ポジションを狙って運用しています。投稿は、各地のコーヒーショップの画像で統一し、開業を目指す方にとって参考になるような内容を心がけています。

ちなみに最近では、動画を使った投稿が人気です。ＳＮＳを見る人々は文字をますます読まなくなり、画像をスワイプしてめくることすらも面倒になっています。そこで、隆盛しているのが**ショート動画**。Instagramではリール動画と呼ばれています。

有益情報の発信例

Instagramはプロフィールも投稿も、一点集中のコンセプトを意識。専門家ポジションを目指して、潜在的な顧客層を獲得しましょう。

Chapter 2-6

発信のマインドセット

「そうはいっても、自分みたいな素人が、何かに特化した専門家として発信するのは気が引ける……」、「そんなに知識もないしな……」、「間違ったことを発信してしまうのも怖い……」。

そんな思いは当然あるかと思います。なかなか、発信することに踏み切れない人は多いですし、むしろそんな人がほとんどかと思います。

ですが、大丈夫。

これから勉強や実践をしていけば良いだけです。そして発信の内容も、その実践や勉強したことをシェアするだけ。

そのままの等身大の未熟な自分を曝け出すことは、むしろ発信においてプラスです。**人が挑戦し成長する過程は、良いコンテンツになるからです。**そのような姿勢は人を惹きつけますし、必ず応援してくれる人が出てきます。**変に自分を盛る必要は、ありません。**

私も、発信を始めた当初は不安でいっぱいで清水の舞台から飛び降りるような気持ちでした。コーヒーの世界には権威のある人達がたくさんいて、そこに自分が入り込む余地なんて無いようにも思えました。何者でもない自分の発信に、価値なんかないのではと思っていました。

しかし色々とやっていく中で、以下のようなマインドセットが身につきました。

①不安や恐怖は当然。受け入れる。
②最初は未熟な投稿内容で当然。それも受け入れる。
③業界のすごい人達と自分を比べない。
④自分を盛らない。等身大で楽しむ。
⑤継続が全て。２年は続けることにコミットする。

結局は、**継続が全て**でした。**一歩踏み出すためには、未熟な自分を受け入れて、他人と比べないこと。**そして継続するためには、等身大の自分で発信を楽しむこと。

適切に失敗を積み重ねれば、２年あれば結果はついてきます。つまり、やれば誰にでもできることなんだと、今では思っています。

そうは言っても、
自分みたいな
素人が発信なんて、
ハードル高いな……。

発信のマインドセット5箇条

①不安や恐怖は当然。受け入れる。
②最初はしょぼい発信で当然。受け入れる。
③業界のすごい人達と自分を比べない。
④継続が全て。2年は続けることにコミットする。
⑤自分を盛らない。等身大で楽しむ。

Chapter 2-7

Googleマップ対策（MEO）のやり方

インターネットを使った集客の最後は、**Googleマップ対策**です。これを専門用語で**MEO**といいます。Map Engine Optimization（マップ検索エンジン最適化）の略です。

近年、何かのお店を探す場合、Googleマップで検索されることが多くなりました。自分が今いる地点や、行く予定の地点を中心に検索できますし、お店までのルートも表示されます。

実店舗での集客において、MEOはSNSよりも重要で優先度が高いかもしれません。コーヒーの豆売りをしたい場合は、特に重要です。カフェであれば食べログなどで検索される場合がありますが、**食品販売店にはそんなプラットフォームがありません。**Googleマップが唯一無二です。

また、Googleマップでの検索は**来店に繋がりやすい特性**もあります。**外国人観光客のインバウンド対策**にもなります。

その重要性が、何となくお分かりいただけるかと思います。

▼MEOの目的

Googleマップ対策の一番の目的は、「コーヒー　地名」で検索されたときに、上位表示を勝ち取ることです。

コーヒーショップを探すとき、多くの人がGoogleマップのアプリを開いて検索をします。

検索のワードはだいたいパターンが決まっていて、以下のような例が考えられます。

「コーヒー」
「コーヒー豆」
「コーヒー店」
「カフェ」

それらのキーワードに、地名を加えて検索されることが多いです。通常のGoogle検索と異なり、マップ上での検索だからです。

そのため、「コーヒー　地名」で上位表示を勝ち取ることを目指し、対策をしていくこととなります。

▼MEOのやり方

Googleマップ対策の基本的なやり方をざっと解説します。

①まずはGoogleビジネスプロフィール（旧Googleマイビジネス）にアカウントを作成します。

②お店の場所を登録し、店舗情報（住所・電話番号・営業時間・Webサイトなど）も入力します。

③お店の外観・内装・商品などの写真を掲載します。

④Googleによるオーナー確認を（郵送か電話で）受けます。

⑤口コミ・レビューを投稿してもらい、それに対する返信を行います。

⑥サイテーションを獲得します。

重要なのは、写真と口コミです。綺麗で分かりやすい写真を投稿し、人目を惹くように整えます。

また、お客様には口コミの投稿を積極的に働きかけ、口コミが投稿されたら必ず返信するようにしましょう。**そのお店のアカウントが活発に活用されていればいるほど、上位表示されやすくなると言われています。**

しばらく運用すると、どんなキーワードで検索されているのか、今までの結果を見ることができるようになります。その結果を見て、検索されやすいキーワードをお店の紹介に入れ込み、さらにヒットされやすく改善していくことになります。

口コミの点数も重要でして、高い点を取っていると、やはり有利です。お店選びの基準に点数を参考にする人は多いからです。**接客の良さが高い点に繋がりやすいので、平均4・5点以上を目指して頑張りましょう。**

⑥の**「サイテーション」とは、インターネット上で自店舗の店名や住所やサービス名などを色々なサイトに掲載することです。**ぐるなびやYahoo!プレイス、Pinterestなど様々なプラットフォームやメディアに自店舗情報の掲載を狙っていくことが基本的なやり方となります。

また、iPhoneのデフォルト地図アプリであるApple Mapsも同様に対策すると、尚良いです。割合は少ないですが、こちらのアプリを使う人もいるからです。特に女性に多いと言われています。

Googleマップは来店に繋がりやすいです。写真やお客様の口コミへの返信を充実させて、検索された際の上位表示を目指しましょう。

Column 1 - 一歩を踏み出すことが怖い人への処方箋

個人で稼ぐチャレンジが大切、といつもお伝えしているのですが、そのハードルの高さも理解しているつもりです。ましてや、それが自分の好きなことの分野であるならば、尚更です。

「好きなこと＝詳しいこと」だったりしますので、その業界のすごい人、すごい店、すごい商品などと、自分を比べてしまうからです。とても臆病な性格の私も、「個人でコーヒーで稼ぐ実践」を実行した当初は、清水の舞台から飛び降りるような気持ちになりました。

そのとき、私が学んでとても有効だったものは、認知行動療法です。特に、「自分自身に対する認知」を修正できたことが大きかったです。

私は昔から自分に厳しい言葉を浴びせる傾向が強く、結果として新しいチャレンジに対してとても腰が重かったのです。失敗に対してとても臆病で、無意識のうちに、とてもナチュラルにチャレンジを避ける日々を送っていました。

そんな自分への処方箋となったのは、一冊の認知行動療法をベースにした本でした。城ノ石ゆかり先生著の『未処理の感情に気付けば、問題の８割は解決する』という本です。この本は自分自身への理解を深めるきっかけを与えてくれました。

私達は自分を変えようとするとき、行動から変えようとします。自分のお店を開きたい！　と思うと、勉強したり修行を始めたりすることが普通です。しかし、これが変化できない最大の原因となります。人の行動は、思考によってではなく、結局は感情による影響が大きいからです。そして感情を引き起こす最大の要因は、「自分自身に対する認知」です。

ここでは詳しく説明できませんが、自分自身への認知がナチュラルに良い人は、フットワークが軽くて適切なチャレンジを実践しやすいです。普段から自分自身にバランスの取れた言葉、親友にかけてあげるような言葉をかけられる人ですね。

自分にかける言葉と親友にかけてあげる言葉の質が一致しない人は要注意です。修正が必要かもしれません。そんな人には、こちらの本を強くおすすめします。

Chapter

3

コーヒー生豆の仕入れ・選び方・焙煎度合い決定方法

Chapter 3-1

コーヒービジネスのコア

コーヒー豆の仕入れは、コーヒービジネスのコアとなる部分です。**コーヒーの美味しさは、素材が7割。**そして、**自家焙煎店の原価で一番大きな割合を占めるのが、コーヒー生豆です。**

高品質な豆を、できるだけ安価に仕入れることが、お店の評判や収益に直結します。

そのため、コーヒーショップの利益を最大化するためには、コーヒーの抽出よりも、コーヒーの焙煎よりも、**とにかくコーヒー豆選びが重要、**というのが私の考えです。

焙煎や抽出のレベルを上げることは比較的簡単で、しかも短期間にできます。しかし、コーヒーの生豆選びはそういきません。**生豆選びは、技術的な難易度はとても低いのですが、数をこなす必要があるからです。**

それでも、効率的なやり方を採ることはできますので、以下で解説します。

Chapter 3-2

コーヒー豆の仕入れ方・つき合う商社の選び方

生豆の仕入れ先となる商社は、大きな会社から個人経営の小さなところまで、様々です。最近は特に新規参入が増えており、自家焙煎店を構えていると色々な商社から営業をかけられます。

商社によって得意なエリアやグレード、価格帯や取引単位も様々。その中から自分に合った商社をいくつか探し出し、取引することになります。

▼ 生豆の仕入れ先の2つのタイプ

仕入れ先は大きく分けて2つのタイプに分類できるかと思います。まずは、**海外から直接コーヒー豆を仕入れる「輸入商社」。**もう一つは、**その輸入商社から豆を仕入れて、小分けして販売する「小分け業者」。**ただし、中には輸入もして小分けもしてくれる、**両方を兼ねている商社もあります。**

▼ 生豆仕入れの価格感と単位

得意なエリアやグレードなどは各商社のサイトを実際に見ていただくとして、商社や小分け業者の代表的な価格感と単位を解説してみます。

商社は基本的に麻袋単位での購入となりま

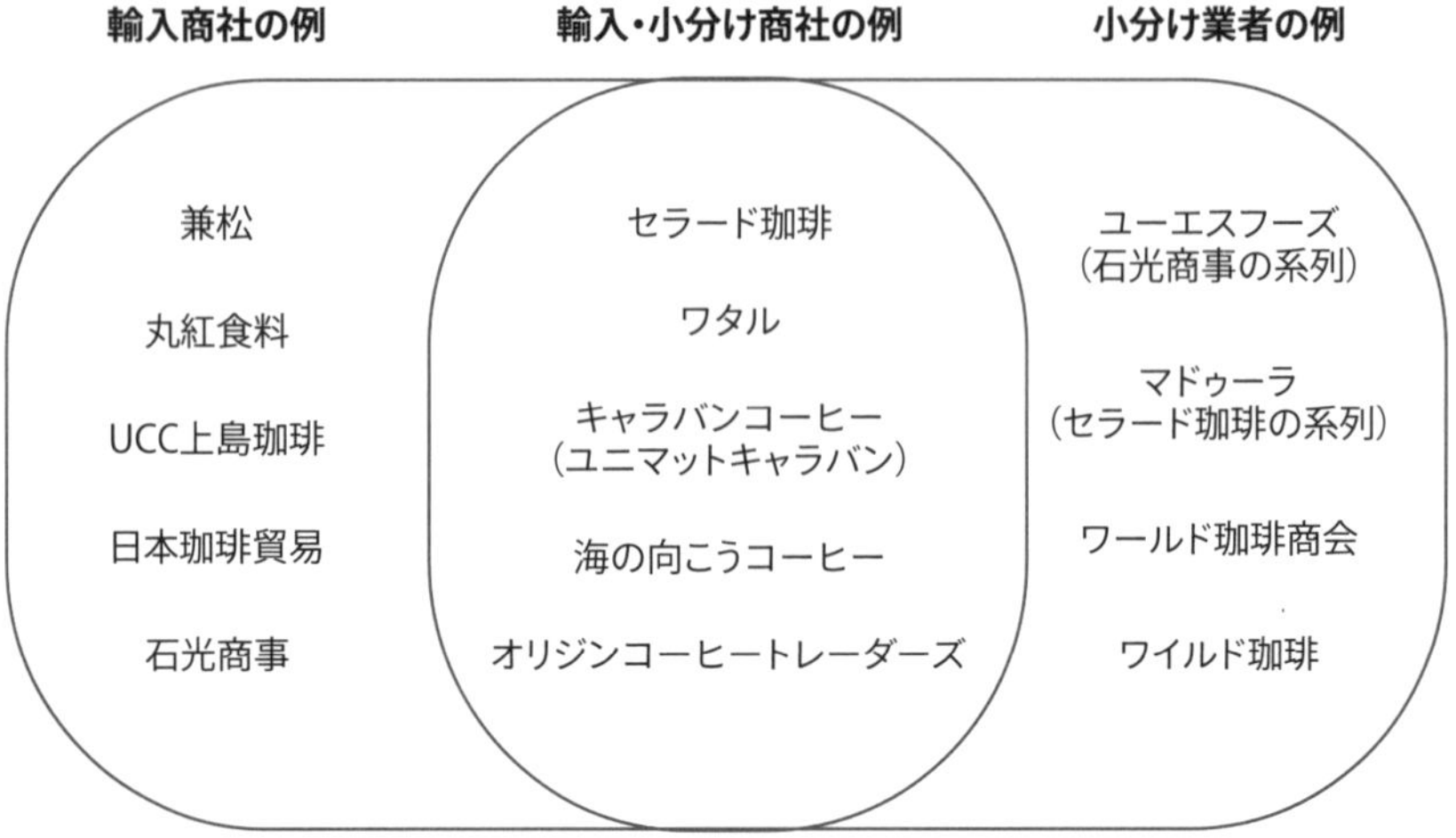

この他にもたくさんの商社・業者があります。

す。

ただし中には、海の向こうコーヒーのように、**小分けに対応してくれる商社もあります。**また、商社によってはそもそも取引できないことも。**会社の信用とか、まとまった取引量が見込めないと断られるケースも多いです。**

ちなみに、**麻袋の単位・重さは国によって、農園によって異なります。**だいたいの国は、**基本60kg単位**です。ただし、グアテマラは69kg、コロンビアが70kgのように、変則的な国もあります。

しかし近年は、20kg、30kgと小さい麻袋が増えてきました。また、麻袋ではなくて**品質保持のためにビニール製の袋や、中には真空パックになっている場合もあります。**単位も、多様化しています。

小分け業者からは、1kg単位から購入できる

ことが多いです。彼らは色々な商社から生豆を仕入れますので、**品揃えが豊富**なことも特徴です。

商社によって無償・有償の違いはありますが、サンプルの生豆を取り寄せることは概ね可能です。

▼生豆の単位別価格感

生豆の価格感についてですが、これは産地や銘柄、時期によって大きく変わります。ここでは同じ豆を麻袋（60kg）で購入する場合と、小分けで購入する場合で、価格感の違いを見てみましょう。

例えば輸入商社と年間契約で100袋（6，000kg）くらい購入する場合に、1kgあたり1，000円の価格になるコーヒー生豆があったとします。その1kgあたり1，000円という価格が、**購入（成約）単位が小さくなるにつれ、段階的に上がります。**

単発での麻袋単位の購入（60kg単位）は、1kg1，100円程度になるかと思います。10kg単位では1，300円、5kg単位では1，500円、1kg単位では1，800円。

購入単位によって、最終的には2倍近い差になります。

リアルの店舗を開業する場合、開業当初は麻袋1袋単位（60kg）でも購入が難しいです。しかし、先に説明したように購入単位の金額の差は大きいです。**銘柄を絞って、せめてブレンドに使用する豆など消費の多い豆は、麻袋単位で買うことが望ましいです。**

コーヒー生豆の単位による価格感の変化

購入単位	1kgあたりの価格
100袋（6,000kg）の購入契約をした場合	1,000円／kg
1袋（60kg）購入の場合	1,100円／kg
10kg購入の場合	1,300円/kg
5kg購入の場合	1,500円／kg
1kg購入の場合	1,800円／kg

お店が軌道に乗れば、1ヶ月あたりに使用する生豆量は、小さなお店でも100~200kg程度になります。その頃には生豆ごとに年間で消費する量も見通しがつきます。ある程度まとまった量を商社と直接契約し、原価を抑えることができるようになります。

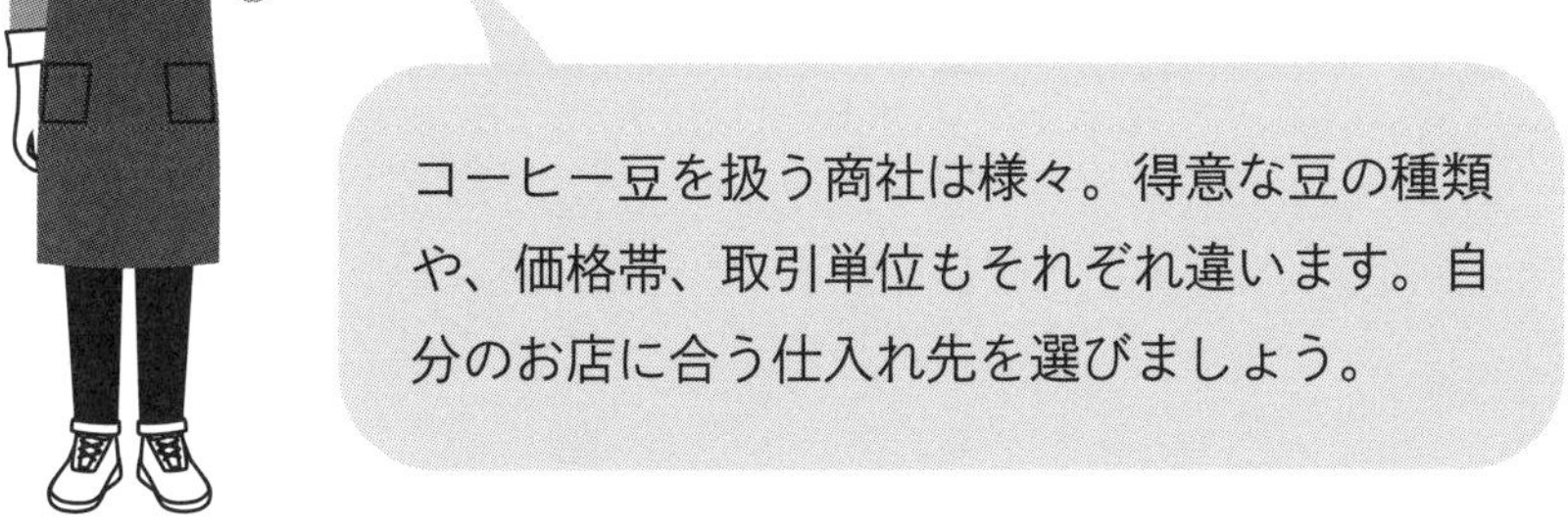
コーヒー豆を扱う商社は様々。得意な豆の種類や、価格帯、取引単位もそれぞれ違います。自分のお店に合う仕入れ先を選びましょう。

Chapter 3-3

コーヒー豆の選び方

コーヒービジネスの核心、生豆の選定について解説します。最初に言っておかなければならないことは、**生豆の目利き力を養うには近道がない**、ということです。

判断の参考になる情報（プロファイル）は商社が色々と提示しています。地域・農園・標高・品種・グレード・精製方法・カップコメント・カッピングスコアなどなど……。

しかし、**結局は焙煎して飲んでみなければ分かりません。**さらに言うと、**ビジネスは売上になるものが正解。**自分が美味しいと思うものが正解とも限りません。

そのため、**最終的には販売してみて、売れる豆が正解です。**売るためには味だけではなく、そのお店の客層であったり、値段であったり、複合的な要因が絡みます。事前に売上の予測を立てることは難しいです。

色々な生豆を取り寄せ、その味と値段を検討しつつ、**できる限り多くの豆の販売を試してみるしかない**かと思います。

▼当てにならない情報

コーヒー生豆の情報（プロファイル）は、商社が出してくれています。ただし、**その情報を**

盲信することは危険で、あまり当てにしてはいけない情報も多いです。

どのような情報が当てにならないかというと、以下のような情報がそうです。

- **豆のグレード　（G1、AA、SHBなど高いグレード＝美味しい、ではない）**
- **カッピングスコア　（高得点＝美味しいでも、売れる、でもない）**
- **高価格　（高い＝高品質、ではない。その国の人件費やブランド力に左右される）**
- **品種や製法にも注意　（ゲイシャ、アナエロビックでも品質はピンキリ）**

例えばエチオピアイルガチェフェ地区のコーヒーのグレードはG1、G2という表記になります。これは、生豆300g中の欠点豆の数によって決められています。**美味しさは関係ありません。**

つまり、**G2の豆でも、G1より美味しいものはザラにある、ということです。**しかも、**ハンドピックで自分で欠点豆を取り除けば、例えG4の豆でも実質G1にすることができます。**

カッピングスコアに関しても、統一されたやり方のもとに品質評価をしているだけです。自分の焙煎のやり方によって風味は全く変わりますし、**カッピングスコアがお客様からの評価に直結することはあり得ません。**

高いスコアを誇るスペシャルティクラスのコーヒーでも、**コスパが悪くなり売れない豆は多いです。**逆にスコアが低いコモディティクラスのコーヒーでも美味しいものはあり、**コスパが良いので結果として人気商品になることがあります。**

そして、**仕入れ価格は当てにならないものの代表例です。**生豆の価格は、品質によって決まるものではありません。実は、**価格にもっとも影響するのは、生産国の人件費の水準です。**人件費が安かったり、機械化が進んだりしているエリアは豆の価格が安いです。その次に豆の銘柄の知名度や人気度、希少性。最後に品質。価格に対する影響を考えると、以上のような印象があります。

ハワイコナが高いのは、アメリカ人の人件費の高さと銘柄の人気、その両面からきているものかと思います。**品質ではないのですね**（もちろん、美味しいですが）。

このように、**生豆のプロファイル情報の多くが当てになりません。**結局は、**「飲んでみる」**しかないのです。

Chapter 3-4

テスト焙煎、適性焙煎レベルを決める方法

生豆の仕入れのプロセスは、**「サンプルの取り寄せ→テスト焙煎→試飲→購入決定」**という流れです。テスト焙煎するには、焙煎レベルを決める必要があります。**しかしどのレベルが正解なのかは、それこそ焙煎してみないと分かりません。**

一概に、この生産国のコーヒーだから、この焙煎レベル。と、決められるものではありません。同じ国で同じ産地でも、農園や品種によっては焙煎レベルを変える場合もあります。

また、**お店によって正解となるレベルが違います。**同じ豆でも、深煎りが正解のお店もあれば、浅煎りにするお店もあるでしょう。

このように焙煎レベルの決定は複雑そうに見えますが、逆に言えば不正解がありません。**どの焙煎レベルでも正解になり得ます。**最終的には、その味がお客様により支持されて、売れるのであれば「正解」ということになります。

▼テスト焙煎

焙煎レベルはどれも正解、と言われても困ってしまうかと思いますので、もう少し解説します。

商社によっては、焙煎レベル別のカップコメ

ントを出している場合もあります。それも参考になるかと思います。

また国や地域、銘柄ごとに、ある程度定番の焙煎レベルもあったりします。「マンデリンは深煎り」などがそれにあたります。

そこでざっくりとではありますが、私なりの地域別、定番の焙煎レベルを次のページに出してみます。

基本的には最初、当たり障りのない焙煎レベルで焼いて試飲してみます。そこで味を確認し、風味に気になる部分があれば、そこから焙煎レベルを調節します。例えば、強い酸味が気になれば少し焙煎を深くしたり、逆に苦味が強過ぎると感じたら浅く調整したりします。

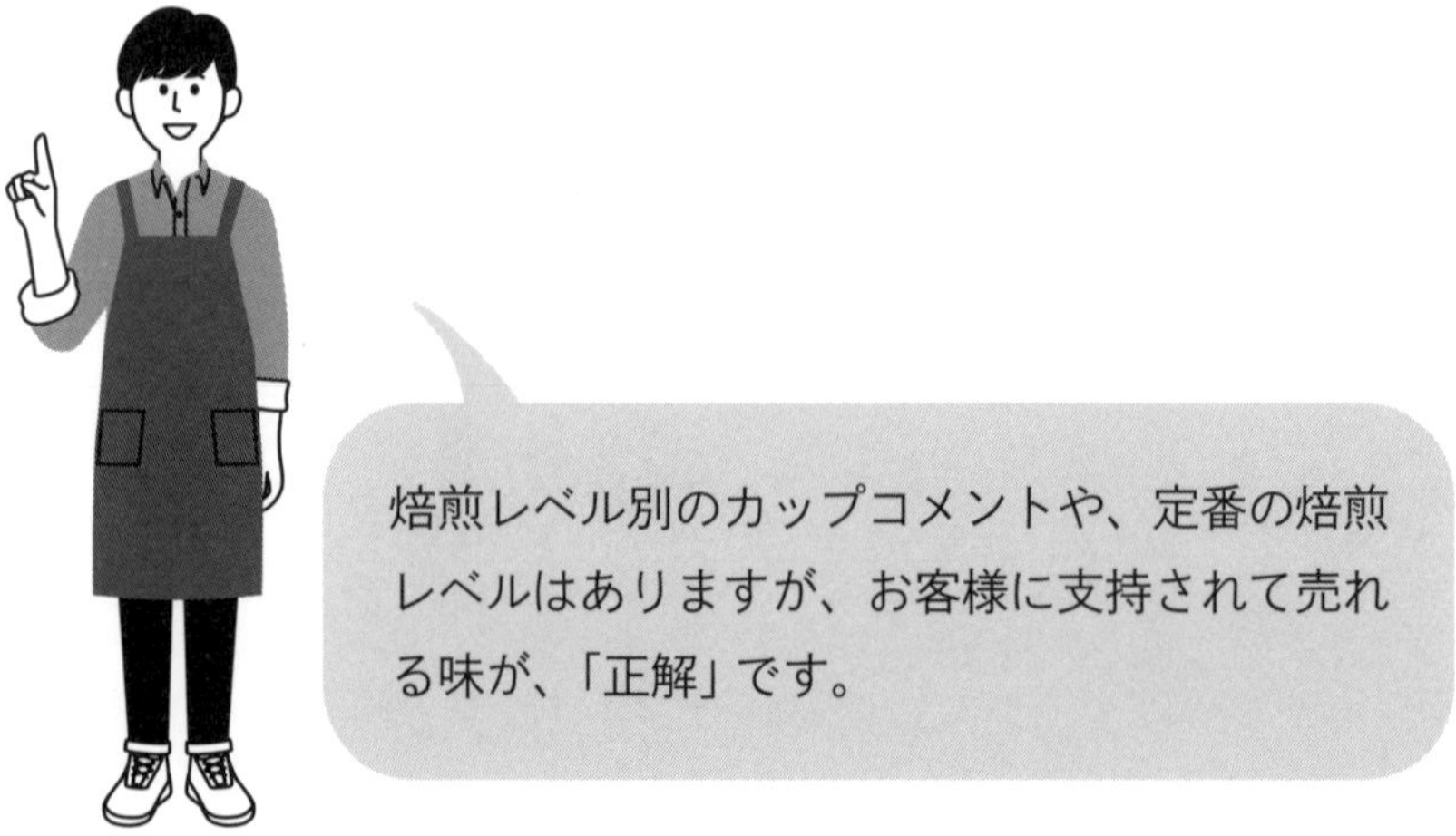
焙煎レベル別のカップコメントや、定番の焙煎レベルはありますが、お客様に支持されて売れる味が、「正解」です。

地域別推奨焙煎レベル

【南米】

基本的には中煎り～深煎り。最近では浅煎りでも美味しい豆も。

ブラジル……シティ～フルシティ
コロンビア……ハイ～フルシティ
ペルー……ハイ～シティ
エクアドル……ハイ～シティ

【中米】

フローラルさを活かすため、基本は浅煎り。
地域によっては深煎りまで対応できることも。

パナマ……ミディアム～ハイ
エルサルバドル、コスタリカ、ホンジュラス……ミディアム～シティ
グアテマラ北部と西部……シティ～フルシティ
グアテマラ北部と西部以外……ハイ～シティ
メキシコ……シティ～フルシティ
ドミニカ……ミディアム～ハイ

【アジア】

最近はバリエーションが豊かで、焙煎レベルも様々。
マンデリンなど知名度のある銘柄は、ニーズに合った焙煎レベルを意識する。

インドネシア……シティ～フレンチ
パプアニューギニア……ハイ～フルシティ
タイ……ハイ～シティ
中国やインド……ミディアム～シティ

【アフリカ】

浅煎り～深煎りまでカバーできる高いポテンシャルの豆も多いエリア。
ニーズから逆算して焙煎レベルを決める。

エチオピアのイルガチェフェ、グジ……ミディアム～シティ
エチオピアのハラー……シティ～フルシティ
ケニア……ハイ～シティ
タンザニア……ハイ～フルシティ
ブルンジ、ルワンダ……ミディアム～シティ

Chapter 3-5

コーヒーショップがやるべき試飲のやり方

サンプルの取り寄せ、テスト焙煎の次は、試飲です。コーヒーを少し齧ったことのある方であれば、**「カッピング」**を思い浮かべると思います。

ここであえて「カッピング」ではなく「試飲」と表現したのには理由があります。カッピングは品質評価を目的としており、全ての豆を決められた手順で同一の焙煎レベルにして行います。これは品質を評価し、それを他者と共有するには良い手段です。

ただし、コーヒー店の試飲は品質評価のために行うものではありません。**あくまでも「売れる豆」を探すため、お客様のニーズに合ったものを探すために行います。**

そのため、**販売時と同じ焙煎レベルで焙煎した豆を、お客様が家で淹れるように抽出し（つまりペーパードリップで）、試飲する。**これが、もっとも目的に適うやり方です。

お客様と同じような条件で試飲してみて、その味がお客様に刺さるか、値段に見合った満足感を提供できるか、確かめます。

また、**このときにプライスカード作りのための情報も洗い出すと効率的です。**コーヒー豆のプライスカードには、**商品名と値段の他に、風味の説明文など**が記載されます。

コーヒー豆プライスカード例

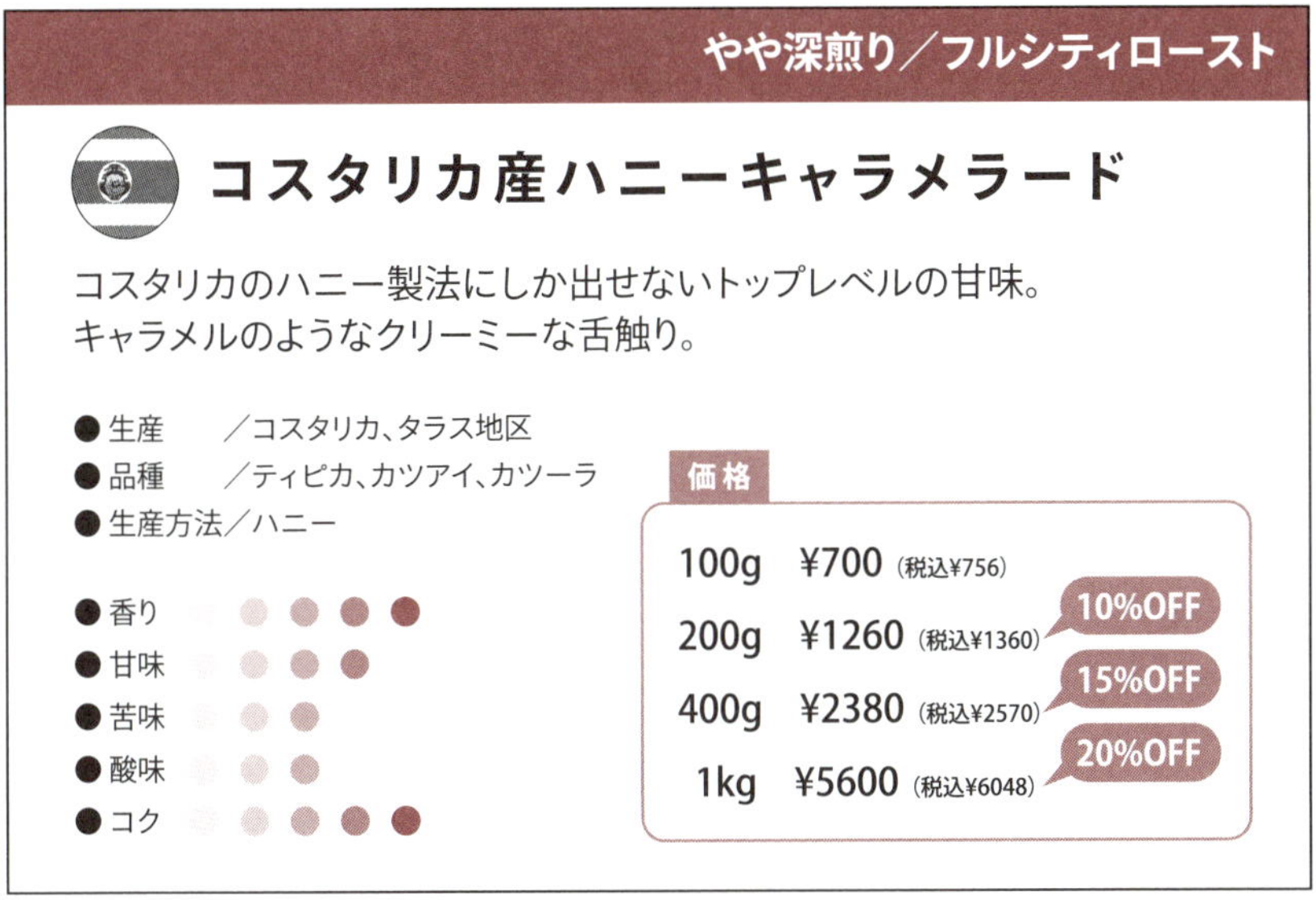
やや深煎り／フルシティロースト
コスタリカ産ハニーキャラメラード
コスタリカのハニー製法にしか出せないトップレベルの甘味。
キャラメルのようなクリーミーな舌触り。
●生産　／コスタリカ、タラス地区
●品種　／ティピカ、カツアイ、カツーラ
●生産方法／ハニー
●香り
●甘味
●苦味
●酸味
●コク
価格
100g ¥700 (税込¥756)
200g ¥1260 (税込¥1360)
10%OFF
400g ¥2380 (税込¥2570)
15%OFF
1kg ¥5600 (税込¥6048)
20%OFF

お客様に伝わるプライスカード作りをするために、試飲のときにだいたい以下のことを行います。

①味・香り・口あたり・後味　この4つの印象をメモする。

……4つ全てでなくてもOK。このうち2つあればプライスカードに記載する風味の説明文が作れます。

②苦味・酸味・ボディ・香り・後味を5段階評価する

……自店なりの相対評価で良いです。自分の中で基準を作ってOK。これがあると風味チャートを作ることができ、分かりやすいプライスカードが作れます。

試飲でこれらをメモしておいて、あとは価格や自店のコーヒー豆のラインナップのバランスなどを考慮し、その生豆を仕入れるかどうかを判断します。

コーヒーの風味の表現力はどうやって身につく？

コーヒーの風味の表現というと、多くの要素があります。

- 香り
- ボディ
- 酸味
- 苦味
- 甘み
- 口あたり
- 後味
- クリアさ
- ユニークさ

ただし、事細かにやる必要はありません。

コーヒーをやっている人は「正確にコーヒーの味を表現しなければ」と思いがちですが、それよりも重要なことがあります。それは、**「どうやってこのコーヒー豆の魅力を伝えるか」**です。

細かく正確にコーヒーの情報を伝えても、お客様にしてみればありがた迷惑だったりします。

そうではなく、**「分かりやすく、簡潔に、そのコーヒーの魅力を知りたい」**。これが、ほとんどのお客様の潜在的な要望ではないでしょうか。

そのため、**簡潔に味や香りの説明を行う程度で十分で、つけ加えたとしても口あたりや後味の説明くらいで大丈夫です。**

「そうは言っても、コーヒーの味や香りを表現するのは難しい……」という方は多いと思います。「アプリコットのような……」「オレンジピールのような……」なんて表現が、最初からできる人は稀なのではないでしょうか。

コーヒーを飲んでみて、他の食材に例えてその味を表現することは、少し慣れが必要です。

ただし、難しいものではありません。

やれば、誰でも必ずできるようになる方法があります。ここではそのやり方をご紹介します。

①まず、コーヒーを普通に抽出して試飲して味わいます。

②比較的近い味や香りを持つ食べ物や花をいくつかピックアップします。

③その食べ物や花の中からどれか一つ、頭に思い浮かべながら、再度味わってみます。

④③を繰り返す。

⑤一番近い風味を持つ食べ物や花を、風味の説明に採用します。

ポイントは、「コーヒーの味から他の何かを連想する」のではなく、その逆を行うことです。

まず、頭の中にある食材を思い浮かべ、それから飲んでいるコーヒーの味と照らし合わせる。**食材の想起が先**なんですね。

その食材が外れているなと思えば、次の食材を思い浮かべて、再度飲んでみる。その繰り返しです。

例えば、レモンを思い浮かべながら飲んでみて、もう少し柔らかいかな？　と思ったら、次はりんごを思い浮かべてみる。それでも、もう少し熟度が高いフルーツっぽいな、と思ったら、今度はぶどうを思い浮かべながら飲んでみる。こんな感じです。

最初は時間がかかりますが、いったん結びつ

くと次からは早いです。同じような風味を持つコーヒーを飲むと、すぐにぶどうが出てくるようになります。**経験を重ねるにつれ、コーヒーから食材の連想が可能になる幅が、どんどん広がっていきます。**

コーヒーの風味の表現が難しいと感じるのは、このプロセスを経ずにコーヒーから食材への連想を直接やろうとするからです。

また、最初にコーヒーの風味を例える食材の候補をたくさん用意しておくとやりやすいかと思います。**浅煎りのコーヒーには、色々なフルーツや花。深煎りのコーヒーには、チョコやナッツ類など。**

以上、色々とコツをお伝えしましたが、難しく考える必要はありません。本来、**味の表現に正解・不正解はない**はずです。**自分なりに、どうやって表現したらそのコーヒーの魅力がお客様に伝わるか？**そう考えれば良いだけです。

そのコーヒーの魅力は、味かもしれないし、香りかもしれません。後味の強さだったりする場合もあります。味や香りではなく、生産地や農園のストーリーが魅力的かもしれません。むしろ価格の安さが最大の魅力だった、ということも考えられます。

是非、風味だけにとらわれず、広くコーヒーの魅力をとらえ、その表現方法を模索してみてください。

Chapter 3-6

コーヒー豆のラインナップや価格の考え方

それでは次に、コーヒー豆のラインナップはどのようにするのか？　どのようなコーヒーを仕入れ、何種類くらい揃えれば良いのか、考えていきましょう。

コーヒー豆のラインナップ数も価格も、次のような条件で変わってきます。

- **ターゲットとするお客様の年齢層**
- **出店エリアの環境**

考え方の原則は、**「その地域でコーヒー豆を買いたいとなったら、お客様から一番目に想起されるコーヒーショップを目指すこと」**です。

ここは非常に重要なポイントなので詳しく解説します。

▼ラインナップ数

最初に想起されるコーヒーショップを目指すためには、**ラインナップは20種類くらい**必要になることが多いです。

- **ブレンド2～3種類**
- **主要産地や主要銘柄**
- **カフェインレス**
- **オーガニック**
- **アナエロビックやゲイシャなど特殊銘柄**
- **低～高までの価格の幅**

これらを取り揃えるだけでも、どうしても最低20種類くらいにはなります。

とは言え、**難易度は高くなりますが、種類を**

絞って超こだわりの豆、こだわりの焙煎でやっていく方向性もあります。

▼焙煎レベル

どの焙煎レベルを中心に売り出していくのかは、お客様の年齢層によって変わります。**年配の方は深煎りを好み、若年層は浅煎りを好む傾向があります。**これは、年齢による味覚の劣化にも要因がありますし、単純に年配の方は昔ながらの苦味のあるコーヒーに親しみを感じている部分もあります。

ただし最近では浅煎りの普及が進んでおり、年配層でも浅煎り好きは増えています。**全体的に、浅煎り寄りにボリュームゾーンが移行しつつあるのが現状です。**

お客様の年齢層や売れ行きの状況によって、どの焙煎レベルのラインナップを強化するか、随時調整していくことが必要です。

ただし、**コーヒー豆を購入する年齢層のボリュームゾーンは、年配層です。**そもそも人口が多いですし、コーヒーに時間もお金も使える余裕がある年代だからです。出店エリアによっても若干の変化はありますが、この点は考慮に入れる必要があります。

▼コーヒー豆のプライシング・価格帯

コーヒーショップとして第一想起獲得を目指すためには、**売れる価格帯のコーヒー豆をラインナップの中心に置く必要があります。**これは主にお店の定番ブレンドに担ってもらうと良いかと思います。

年齢別人口ピラミッド（2023年10月1日現在）

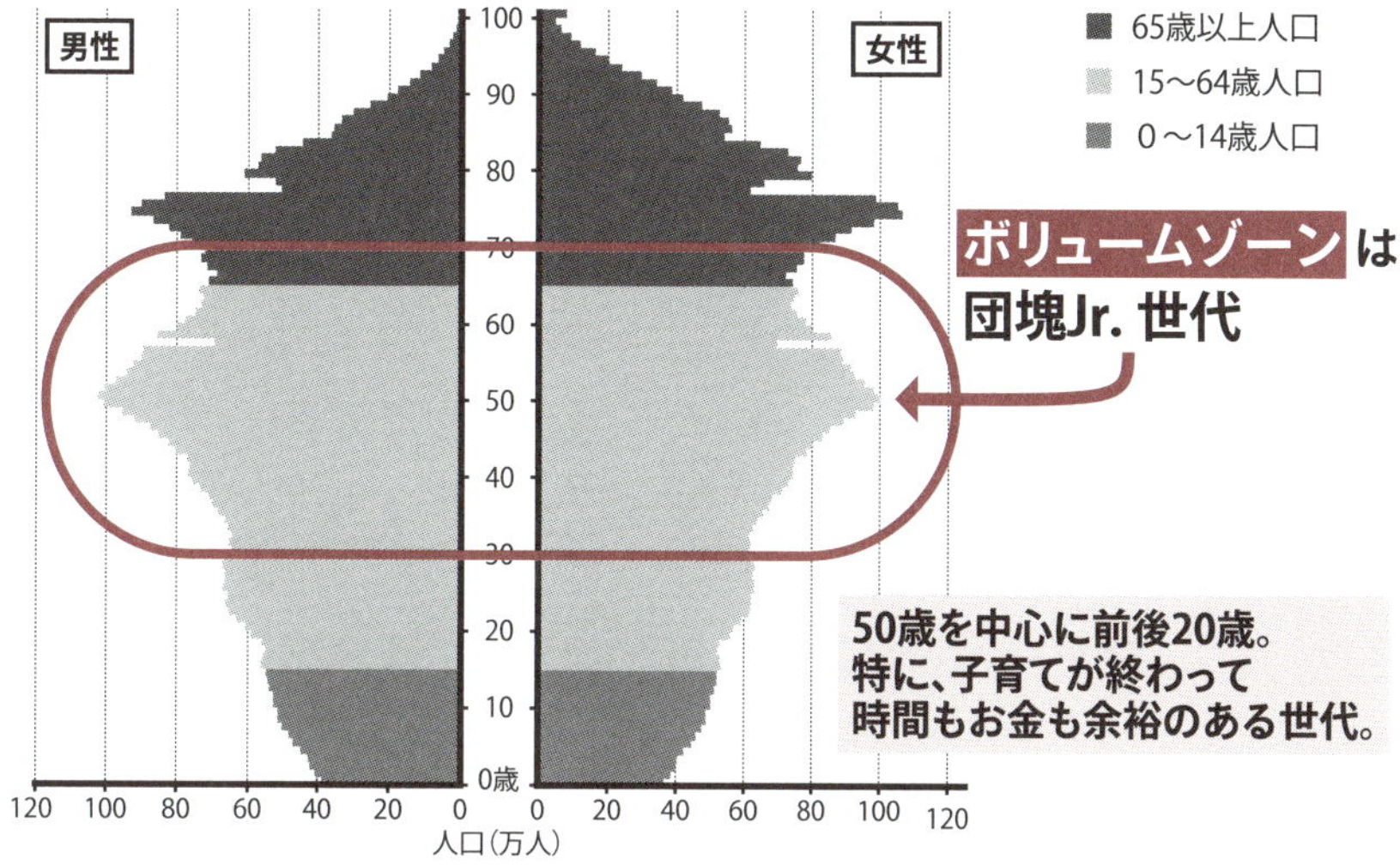
男性
女性
65歳以上人口
15〜64歳人口
0〜14歳人口
100
90
80
70
60
50
40
30
20
10
0歳
120 100 80 60 40 20 0
0 20 40 60 80 100 120
人口（万人）
ボリュームゾーンは
団塊Jr. 世代
50歳を中心に前後20歳。
特に、子育てが終わって
時間もお金も余裕のある世代。

総務省統計局 人口推計（2023年（令和5年）10月1日現在）

売れる価格帯というのは、お店が獲得すべき客層によって異なります。一般の消費者であれば、量販店やカルディコーヒーファームの価格が一つのベンチマークになります。少しこだわりのある層ならば、ドトールやスターバックスの価格感が参考になります。マニア層には、１００ｇあたり１，０００円以上でも売れるでしょう。

専門店であるならば、**少しコーヒーにこだわるけどあまり詳しくない、ライトな層をターゲットの中心にすると、売上が最大化しやすいかと思います。**その上で高価格帯商品も充実させ、専門店としてのブランディングをしっかりと行い、マニア層にも訴求すると良いでしょう。

プライシングの考え方の基本としては、**「価**

看板ブレンドの価格帯			
量販店	……	400g	600円
カルディ	……	200g	691円
キーコーヒー	……	200g	750円
ドトール	……	200g	960円
スターバックス	……	250g	1,320円
コーヒー専門店	……	200g	1,500円～

格は原価によって決まるのではなく、お客様が感じる価値で決まる」です。そして、**お客様が感じる価値は多様**です。

味に反応する人もいれば、豆の希少性、お店の雰囲気や接客の良さ、パッケージデザインの良さに反応する人もいます。「最高の味を追求したから高い価格で売れる」というものではありません。**総合的に見て「値段に見合った価値提供」ができているか考え、価格を決めていきましょう。**

Chapter

4

自分のスタイルに合った焙煎機の選び方

Chapter 4-1

焙煎機によって味に差は出るのか？

この業界では、特に海外製の高価な焙煎機がもてはやされる風潮があります。よく言われるのが、「焙煎機のドラム部分の鉄板が厚くて焙煎を安定させやすい」、「豆に熱を適切に伝えることができ、ムラになりにくい」ということ。

ただし、**それらの声は全てポジショントークだと思って大丈夫です。**

人は、自分が見たいものしか見えなくなるもの。自分の信じる「美味しさ」があり、それにフィットする都合の良い「焙煎の理論」や「焙煎のマシン」が、それぞれあるだけです。そこが焙煎の面白さであり、私も好きな部分です。しかし、**開業を成功させる前から偏ったこだわりを持つのも危険です。**

「ドラムが薄い方が火力の調節が効きやすく、焙煎を安定させやすい」

「ムラが多少出た方が、むしろボディ感が出てお客様の満足度が上がるかも」

このような**「全く逆の正解」**がある可能性も、頭の片隅に置いておいて良いかと思います。

近年、多くの種類の焙煎機が発売され、また手軽に購入できるようになりました。焙煎のやり方の情報もYouTube上に溢れていますし、また焙煎機の自動化、スマートロースター化も進んでいます。

焙煎は、誰でも簡単にできる時代になりました。

コーヒーショップとして売上を作ることを目的とした場合、**価格に見合う価値を提供できればOK**です。そして、**そのレベルの焙煎であればハードルはとても低いです。**

焙煎機の機能も充実してきており、マニュアルの焙煎機であっても、焙煎の基本とマシンの操作方法だけ覚えれば十分。そしてそれは、**数日あればマスターできる程度のスキルです。**

焙煎機の性能や焙煎のスキルによって味に優劣の差が出る、と考えるのもナンセンスです。

確かに焙煎によって風味の差はありますが、それは優劣に単純に繋がるものではありません。ましてや、それで売上が左右されることはあり得ません。

そのため、**焙煎機選びは基本的に好きなものを選んでOKです。**ただし、やりたいお店のスタイルや理想像があるのであれば、そこから逆算して最適な焙煎機選びをすることはできます。

次のチャプターで詳しく解説します。

Chapter 4-2

焙煎機選びの基礎

自分がやりたいコーヒーショップのスタイルを考え、それに合った焙煎機選びを行うと、よりベターな選択ができます。

焙煎機を選ぶにあたって考えられるコーヒーショップのスタイルは、大きく分けて３つあるかと思います。

①カフェ総合型
②食品販売型
③専門スタイル重視型

以下で詳しく見ていきましょう。

①カフェ総合型

……コーヒーの豆売り、フード・スイーツ全方向を手がけ、モーニングやランチも行う場合が多い。ハンドドリップやエスプレッソ系ドリンクの提供も。広い店内で客席も設置し、スタッフも雇う。メインの売上は店内喫茶なので、３kg釜以上の中型以上の焙煎機が望ましい。

代表例……スターバックス リザーブ® ロースタリー 東京、猿田彦珈琲

②食品販売型

……コーヒーの豆売りに特化。店内席は少なめ、もしくはなし。ドリンクやスイーツは最小限で。店舗は小さくワンオペも多い。コーヒー豆の少量多品種販売をするため、焙煎機

は小型、もしくは全自動焙煎機が多い。
代表例……カルディコーヒーファーム、やなか珈琲、豆工房コーヒーロースト

③専門スタイル重視型

……いわゆるサードウェーブ系のショップ。ドリンクの売上が中心でドリップにもこだわる。カフェ寄りのスタイルで客席があり、小型～中型店が多い。ただしフードには力を入れない。ブランディング重視のために焙煎機は海外製が多い。
代表例……ブルーボトルコーヒー、フグレンコーヒー ロースターズ トウキョウ

コーヒーショップのスタイルは大きく分けてみると以上の3タイプがありますが、もちろんいずれかにきっちりと当てはまらず、複数の要素を持つお店も多いです。

ここ10年、サードウェーブ系のお店が注目され、「③専門スタイル重視型」のお店がもてはやされました。ただし最近では「②食品販売型」の要素を取り入れ、コーヒー豆をはじめ物販にも注力するお店が増えています。

個人の独立、ということになると、資金的な要因から小型の店舗になりがちかと思います。

そこで、まずここでは具体例として、②と③の要素を取り入れたコーヒーショップのスタイルを挙げてみて、それから最適な焙煎機を考えてみたいと思います。

「小さい店舗で、客席は5席くらい。コーヒー豆売りにも力を入れて、種類を20種類以上用意したい。そして、鮮度を保てる内に販売したい

コーヒーショップの3つのスタイル

①カフェ総合型

代表例

スターバックス リザーブ® ロースタリー 東京
猿田彦珈琲

②食品販売型

代表例

カルディコーヒーファーム
やなか珈琲
豆工房コーヒーロースト

③専門スタイル重視型

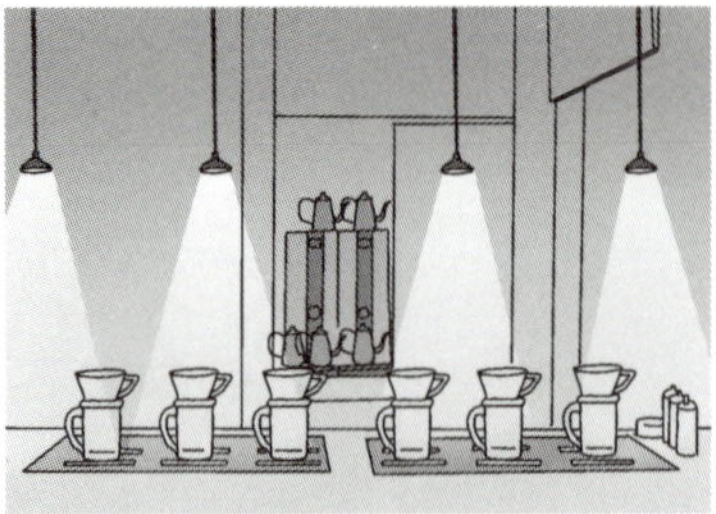

代表例

ブルーボトルコーヒー
フグレン コーヒー ロースターズ トウキョウ
その他多くのサードウェーブ系ショップ

し、ロスは出したくない。焙煎も深く追求して、豆の個性を最大限に表現してみたい。1杯のクオリティにもこだわり、ハンドドリップで抽出したい。でもお店はワンオペで回したい」

こんなスタイルを目指したいケースがあったとします。

まずは、少量多品種のコーヒー豆の提供を目指し、1kgサイズ以下の焙煎機の導入を考えてみます（ここで1kgサイズとは一度に焙煎できる生豆量が1kg、ということです）。

日本メーカーではフジローヤルや他の全自動焙煎機、海外メーカーではPROBATやDIEDRICHなど、多くのメーカーが参入しているサイズです。

このクラスの焙煎機でも、少し慣れが必要ですが数百グラムといった少量の焙煎が可能です。

そのため、**少量多品種の焙煎が可能。鮮度にこだわった販売ができます。**

ただし、デメリットもあります。1日に焙煎するバッチ数が多くなるからです。ということは、**営業中は常に焙煎に追われ、マルチタスクを強いられます。**ワンオペの場合、ハンドドリップやエスプレッソなどの抽出、フードやスイーツの提供などは、売上によっては厳しいかもしれません。他を切り捨てて豆売りに特化する必要に迫られるケースも多々あります。

では、焙煎機のサイズを一つ上げて、2〜3kg釜にしたらどうでしょうか？

焙煎する回数が2分の1、もしくは3分の1になり、時間に余裕が生まれます。ドリンクやスイーツの提供が可能になります。しかし、少量多品種の焙煎には向きません。

そのため、コーヒーのラインナップ数を減らしたり、または焙煎後の鮮度を保つことをある程度諦めたり、いくつかの事柄が犠牲になる可能性が高いです。**豆売りにはマイナスになりますが、その分、店内喫茶での売上は作りやすいです。**

つまり焙煎機選びとは、**「自分は、どのようなスタイルのコーヒーショップで在りたいか?」**が、問われます。何を重視し、何を切り捨てるか。**まずは優先順位をはっきりさせましょう。**

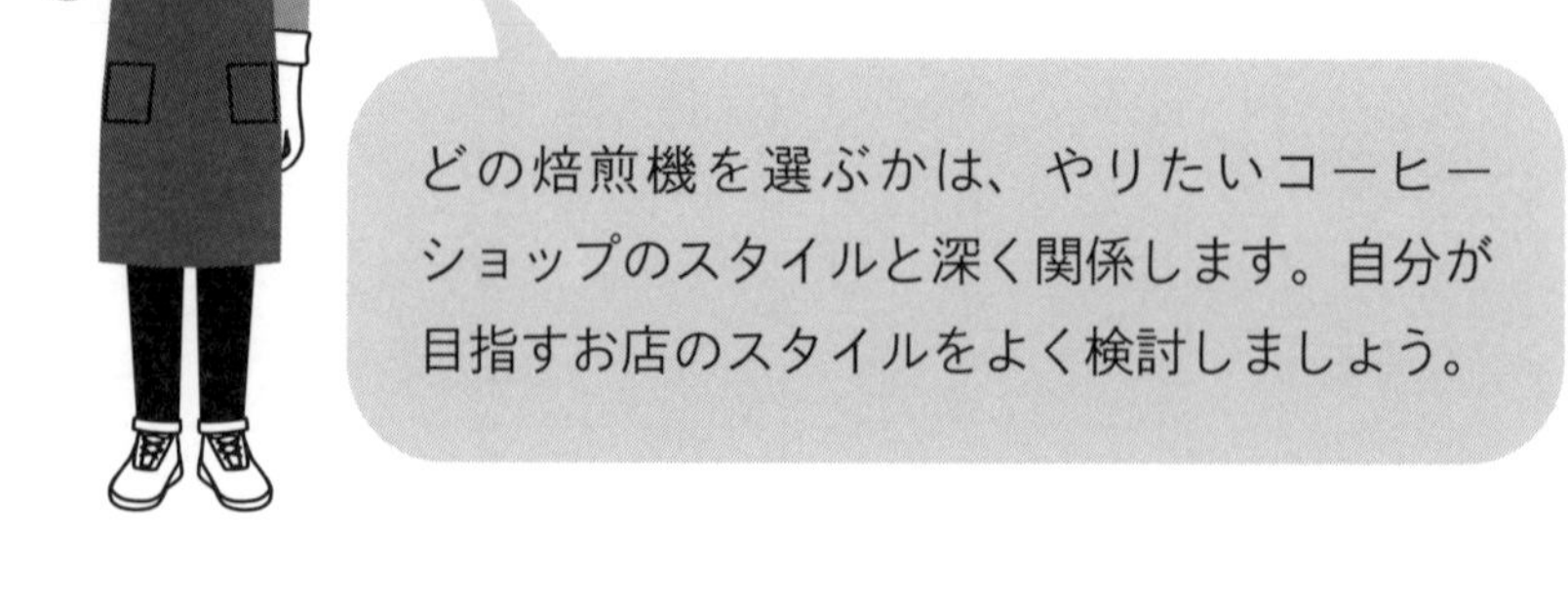
どの焙煎機を選ぶかは、やりたいコーヒーショップのスタイルと深く関係します。自分が目指すお店のスタイルをよく検討しましょう。

Chapter 4-3

コーヒー焙煎機の適正サイズはどう考えるか？

先に少し触れたとおり、目指すコーヒーショップのスタイルに合った焙煎機選びのセカンドステップは**「焙煎機のサイズ」**です。つまり、**一度に焙煎できる生豆の量**ですね。

- **100g～焙煎できるもの**
- **～約1kg焙煎できるもの**
- **～約2kg焙煎できるもの**
- **～約3kg程度焙煎できるもの**

このくらいのサイズ感が、個人のコーヒーショップ開業には一般的です。

主に、少量多品種の焙煎に対応するか？（小型焙煎機）、それとも、ある程度まとまった量を焙煎して、店内喫茶の方に労力をかけるか？（中型～大型の焙煎機）。つまり、**物販型の店舗か、喫茶型の店舗かによって、焙煎機の適正なサイズ感が割り出せます。**

あともう一つ、**「どのくらいの売上を作りたいか？」**を考えることも重要です。

フジローヤルによると1kg焙煎機の月間適正焙煎量は100kg。（1日あたり5回焙煎を20日間）。これは豆売り店として売上90～120万円程度の売上感となります。ただし私の肌感では、これは若干控え目な数字かと思います。1日に焙煎する回数は努力や工夫によってもっと増やせます。

1kg焙煎機でも、頑張れば月間で200kg程度の焙煎は可能です。すると、**月商200万円程度**は作れることになります。ただし、相当忙しいです。**マルチタスクが苦手な人、ワンオペを貫きたい人は、もう少し大きな焙煎機にしないと、豆売り以外をやる余裕がなくなるかと思います。**

では、1kg以下の小型焙煎機と、それ以上のサイズの焙煎機、それぞれのメリットとデメリットを見てみましょう。

【1kg以下の焙煎機のメリット】
- 多品種のラインナップの取り揃えが可能
- 焙煎後の鮮度を保てる
- ロスが出ない、または少ない
- 注文後の焙煎にも対応できる
- 高級な豆の販売に踏み切れる
- 焙煎機導入のハードルが低い

豆売り店として、コーヒーのラインナップ数を多く取り揃えられるのは武器の一つになります。また、少量焙煎ができると高級な豆、例えばゲイシャなどの販売がしやすいのも、大きなメリットです。火力が低く煙も控えめなため、焙煎機設置のハードルも低いです。

【1kg以下の焙煎機のデメリット】
- 焙煎に労力がかかる
- 焙煎が安定しない
- マルチタスクを強いられる
- ワンオペの運営が厳しくなる
- ドリンクやフードの対応は厳しい場合も
- 卸売など大量注文に向かない

お店が忙しくなると、1日中焙煎機を回し続

けなければいけないケースも出てきます。そのため、他のことができなくなり、ドリンクの提供などに制限がかかるケースも多々あります。

【2kg or 3kgまで焙煎できる焙煎機のメリット】

・省労力
・ワンオペ運営がしやすい
・焙煎が安定する
・ドリンクやフードの対応に時間を使える
・卸売などの大量注文に対応しやすい

大きなメリットは、やはり焙煎の回数が抑えられること。そのため、ワンオペがしやすかったり、ドリンクやフードの提供に時間を使えたりしやすいです。また、**量が多いと焙煎もやりやすく、風味が安定しやすいです。**

【2kg or 3kgまで焙煎できる焙煎機のデメリット】

・少量多品種の販売には向かない
・場合によっては鮮度が犠牲になる
・場合によってはロスが出る
・高級な豆の販売には工夫が必要になる
・焙煎機設置のハードルが高くなる

一度の焙煎である程度の量が焼けてしまうため、売れ残りに注意が必要になります。そのため、コーヒーのラインナップ数を絞る必要があり、これは豆売りにおいてはハンデとなります。

また、高級な豆はラインナップに加え難くなります。**火力や煙の問題で、テナントによってはそもそも設置ができなくなるケースもあります。**

以上のことを踏まえ、自身がやりたいコー

ヒーショップのスタイル、目指す売上規模から、
適した焙煎機のサイズを考えてみてください。

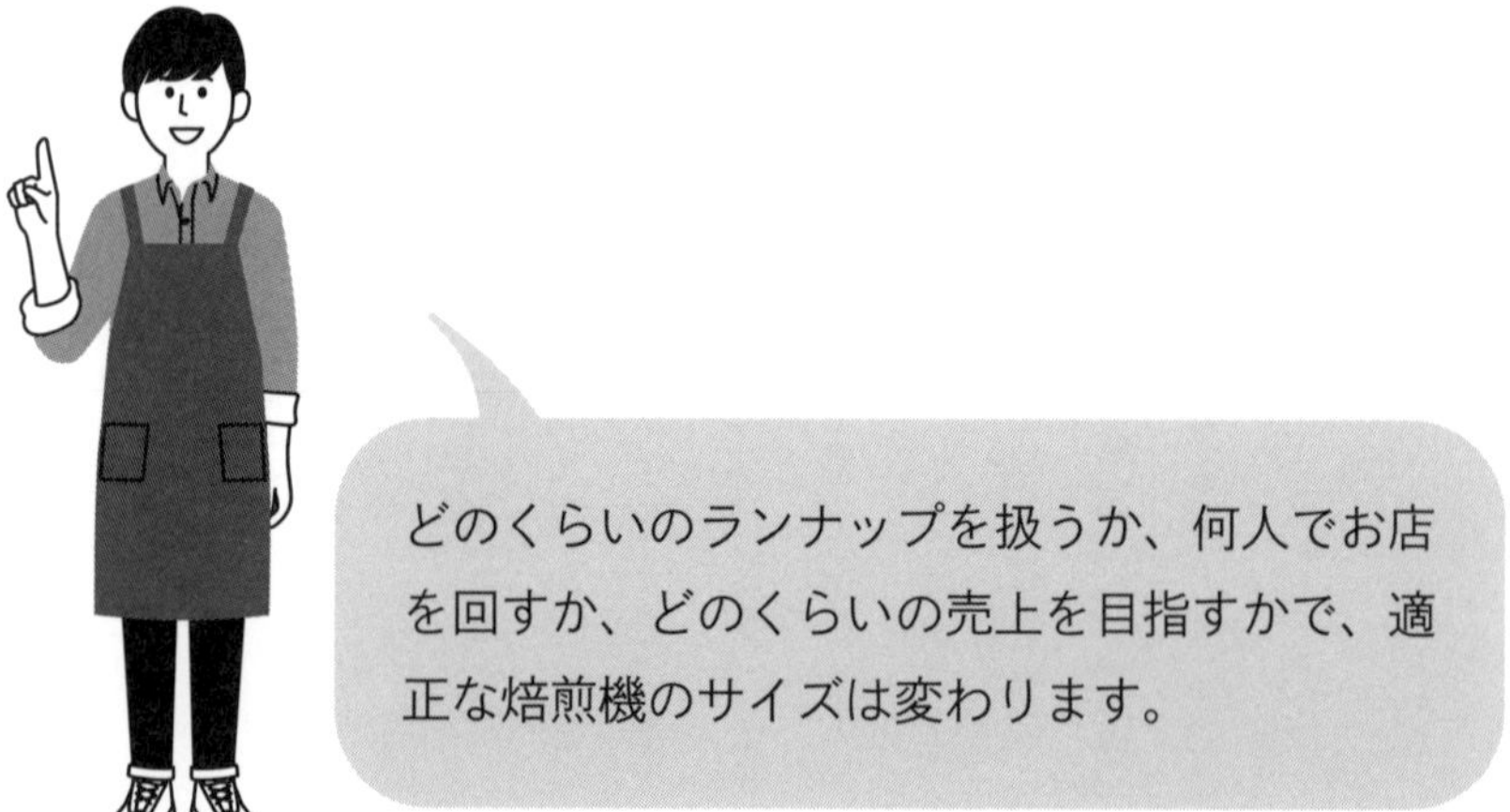
どのくらいのランナップを扱うか、何人でお店を回すか、どのくらいの売上を目指すかで、適正な焙煎機のサイズは変わります。

焙煎機のサイズ

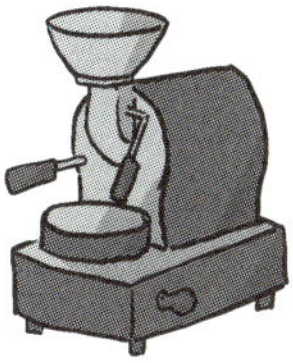

小さい

メリット

- 多品種のラインナップの取り揃えが可能
- 焙煎後の鮮度を保てる
- ロスが出ない、または少ない
- 注文後の焙煎にも対応できる
- 高級な豆の販売に踏み切れる
- 焙煎機導入のハードルが低い

デメリット

- 焙煎に労力がかかる
- 焙煎が安定しない
- マルチタスクを強いられる
- ワンオペの運営が厳しくなる
- ドリンクやフードの対応は厳しい場合も
- 卸売など大量注文に向かない

大きい

メリット

- 省労力
- ワンオペ運営がしやすい
- 焙煎が安定する
- ドリンクやフードの対応に時間を使える
- 卸売などの大量注文に対応しやすい

デメリット

- 少量多品種の販売には向かない
- 場合によっては鮮度が犠牲になる
- 場合によってはロスが出る
- 高級な豆の販売には工夫が必要になる
- 焙煎機設置のハードルが高くなる

Chapter 4-4

コーヒー焙煎機の種類

焙煎機には、たくさんの種類がありますが、大きく分けると以下で分類できるかと思います。

- **操作がマニュアルか、オートか**
- **熱源がガスか、電気か**

サイズがある程度固まれば、次は熱源の違い……と、少し詳しい人は思うかもしれませんが、その前に**焙煎機の操作方法**に目を向けます。**お店の運営において熱源よりも重要な要素だからです。**

マニュアル焙煎機は、多くの人がイメージする焙煎機ではないでしょうか？ **ガスバーナーが熱源で、マニュアルで火力や排気を調節するタイプです。**フジローヤル、PROBATなど多くのメーカーがあります。

全自動焙煎機は、生豆を投入後、焙煎から冷却まで自動で行ってくれるマシンです。この分野では日本メーカーが先行しており、ノヴァ、トルネードエース、ジェットローストといったマシンが代表格です。

最近では、マニュアル焙煎機の上位機種がスマートロースター化し、操作が自動化しつつあります。

それでは、マニュアルと全自動の、それぞれのメリットとデメリットを解説します。

【マニュアル焙煎のメリット】
- マシンの選択肢が豊富
- コーヒーの個性を引き出せる（クリアな風味）
- 導入コストが安い機種もある
- 一度に大量に焙煎できる機種もある
- ガス代は電気と比べると安い

【マニュアル焙煎機のデメリット】
- 焙煎に手間も時間もかかる
- 少量焙煎がやりにくい or できない
- スタッフによって仕上がりに差が出やすい
- 煙の量が多い

長所短所それぞれありますが、もしかしたら一番のメリットは**「理想の自分になれる」**ということかもしれません。**一般的に焙煎士はマニュアル焙煎機を駆使するイメージです。**

- 職人として生きたい
- 焙煎の大会出場を目指したい
- 海外製のかっこいい焙煎機を使いたい

こんな感じで、ベクトルが自分（が感じる価値）に向いている人向けかもしれません。

次に、全自動焙煎機です。

【全自動焙煎機のメリット】
- お店のワンオペが容易
- 教育や習熟不要でスタッフによる差が出ない
- 焙煎が早く少量焙煎可能
- そのため、注文後の焙煎に対応できる
- 煙の量が控えめ

【全自動焙煎機のデメリット】
- 焙煎機の価格が高い（250～400万円）

・コーヒーの風味が電気焙煎機の味になる（焙煎が早く進むため？）
・電気代が高い（業務用電源が必要な場合も多い）

やはり、**焙煎にかける手間を省けることが魅力です。**スタッフの教育もほぼ不要なくらいです。**意外なメリットとしては煙の量が少なめで、近所迷惑になりにくいことも挙げられます。**

これは、焙煎中にチャフが燃えないからです。

しかし、最大のメリットは別にあります。それは、**売上に対するプラスの影響。**その仕組み上、コーヒー豆を求めるお客様が顧客化しやすく、離脱が起きにくいのです。

どういうことかというと、電気が熱源の全自動焙煎機は、焙煎に要する時間が短いです。**注文が入ってから焙煎しても、10分ほどでお渡しすることが可能です。**

そのため、以下のメリットがあります。

・お客様に焼きたての特別感を提供できる
・お客様の味覚に応じて焙煎を調整できる
・ロスが出ないので、多品種販売が可能
・販売時にお客様との会話が発生する
・焙煎の予約を獲得しやすい

結果、豆売りのお客様が満足感を得やすく、顧客化しやすく、離脱しにくいというわけです。

全自動焙煎機は、ベクトルがお客様（が感じる価値）に向いている方向け、と言えるかと思います。

コーヒーを志す多くの人がマニュアルのガス火の本格派焙煎機を選択します。味やスタイルを重視するからです。

しかし、**全自動焙煎機の方が豆売りにおいては、売上を作りやすいです。**このようなマシンを使用しているお店が次々に成功し、チェーン店化していることが、それを証明しているかと思います。

　デメリットとしては、焙煎が早く進むので風味のクリアさが出せないことです。豆の個性を活かしにくいとも言えます。**ただしプログラムを自分で調整することは可能で、クリアな風味が出せないということではありません。**

焙煎機の種類

マニュアル・セミオート

フジローヤル、Giesenなど

全自動

ノヴォ、トルネードエースなど

Chapter 4-5

コーヒー焙煎機の熱源の違い

最後に、熱源の違いです。**一般には、もっとこだわりが出る部分です。**

電力か、ガス火か。マシンによっては炭火やセラミックを使用する場合もあります。また、生豆を入れて回転させるドラム部分にも、直火式・半熱風式・熱風式など種類があります。それらが組み合わさり、それぞれの特徴が形成されます。

しかし、最初にお断りしておくと、これらはあまり重要ではありません。

自分のこだわりを満たすためには重要かもしれませんが、売上に対する影響を考えたときには、どれを選んでも変わらないからです。

それぞれの方式を全て理解することは一見難しいように思えます。ただし、生豆への熱の伝わり方の原理を考えると、単純で分かりやすくなります。

生豆に熱を伝える方法は、次の3つです。

- **輻射熱**
- **対流熱**
- **伝導熱**

輻射熱は、主に赤外線のこと。炎が赤いのは赤外線だからです。**一番、熱効率が高いといわれています。**ストーブをイメージするといいかもしれません。部屋全体が暖まりますよね。**豆**

の内部と外部、両方にバランスよく熱を届けます。

対流熱は空気・風で伝わる熱。**均一に熱が伝わります。**エアコンみたいなイメージです。空気は暖まりますが、ストーブと比べると部屋全体は暖まりにくいです。**豆の隙間（センターカット）から熱が入るため、豆の内部に熱を伝えやすいです。**

最後の伝導熱は、物の接触面から伝わる熱です。例えるならフライパンですね。**熱効率が控えめです。豆の表面から熱が伝わります。**

これらを理解した上で、焙煎方式の種類を見てみます。

まずは直火式。生豆を入れて回転する部分（ドラム）の鉄板に穴が空いており、炎から出る赤外線が直接的に豆に届けられます。この方

熱源の違い

コーヒー豆へ熱を伝える方法は、輻射熱と対流熱と伝導熱がある。

輻射熱

ストーブ。
主に赤外線のこと。
一番、熱効率が高い。

対流熱

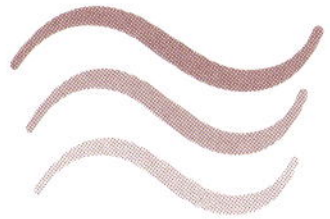

空気・風で伝わる熱。
エアコン。
均一に熱が伝わる。

伝導熱

物の接触面から伝わる熱。
フライパン。
熱効率が悪い。

式は、輻射熱がメインの熱源。それに加えて対流熱と伝導熱も、全て使われています。そのため、**火力の効率が一番高いと言えるかと思います。**主にガスが使われます。

　次に、ドラムの鉄板によって赤外線が遮られる半熱風式と熱風式。半熱風式の場合は対流熱をメインに、ドラムが熱せられるので伝導熱も使われています。**バランス型の熱伝導と言えるかもしれません。**こちらも、主にガスが熱源です。

　熱風式の場合は対流熱がほぼ全てとなります。**高温の熱風で一気に、しかも均一に焙煎が進むのが特徴です。**電気の業務用焙煎機は、ほとんどがこのタイプとなります（ただし、ごく一部のマシンで赤外線も使われていたり、中にはＩＨで伝導熱が使われるケースもあります）。また、一部の高価なガスの焙煎機でも、この方式が採用されています。

　豆の内部に熱を伝えやすいのは、「対流熱＞輻射熱＞伝導熱」です。逆に外側から熱を加えやすいのは伝導熱です。これらをどのようなバランスで活用したいかを考えるとシンプルです。

　以上のように、焙煎においては輻射熱などの３つの熱の伝わり方が説明されることが多いです。ただ実は、もう一つ重要な熱があります。それは、**焙煎が進むにつれて豆自体が持つ「蓄熱」の力です。**

　熱を持った豆が寄り集まると、その豆自体の熱で焙煎が進みます。２ハゼの段階までくると、この蓄熱の力だけで十分なくらいです。

　しかし、焙煎機の釜に対して十分な量の生豆

焙煎方式の種類

直火式

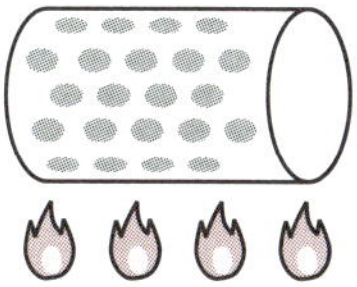

ドラムに穴が空いている。
輻射熱＋対流熱＋伝導熱。
火力が一番強い。
ボディが出やすいと言われ、コゲ味も表現しやすい。
焙煎の進め方によっては、豆の外側の焙煎が進みやすい。
チャフの一部が燃えるので煙が多い。

半熱風式

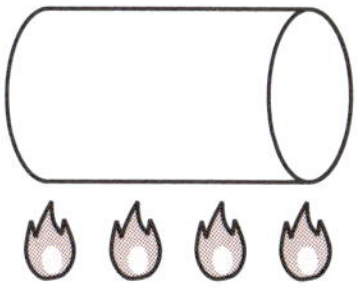

ドラムに穴が空いていない。
海外製焙煎機はこれが多い。
対流熱＋伝導熱で均一性UP。
風味はバランス型。
味の表現の幅が広いと言われている。
豆の内側と外側、バランスよく熱が入りやすい。

熱風式

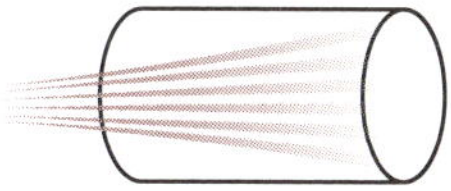

ほぼ対流熱のみ。
電気の焙煎機と、一部の高価なガス火の焙煎機がこれに当たる。
電気の焙煎機だと風力が強く、高速焙煎になりがち。
豆の内側の焙煎が進みやすい傾向がある。
均一な焙煎が可能で、再現性も高い。
煙が控えめ。

が投入されないと、この蓄熱の力が上手く活用できません。ある程度、豆の密度が必要だからです。**少量の焙煎は密度が足りなくなって蓄熱の利用が難しく、ムラが発生しやすい傾向があります。**このことからも釜のサイズ感は、やはり重要になります。

一般的に、ボディは直火式が強いとか、味のクリアさは熱風式だとか言われていますが、しかし焙煎の調整で何とでもなります。個人的には一切気にする必要はなく、**お店の運営に都合の良い方式を取って良いかと思います。**自分の信じる美味しさと焙煎のやり方にこだわりがある場合は、それを優先させても良いと思います。

熱源はこだわりが出るポイントですが、熱源の違いで売上は変わりません。自身のこだわりや、お店の運営を考えて選びましょう。

Chapter
4-6

自分のスタイルに合った焙煎機の選び方

長々と解説をしてきましたが、**焙煎の方式による風味の違いなんて、あってないようなものです。**

論理的に考えると、**安くて使い勝手の良いマシン**が、一番です。**少ないコストで最大のリターンを得られるように動く**のは、ビジネスの基本です。

ただしコーヒーを志す方は、ビジネスよりも感性を大切にされる方が多いです。

- **自分らしい商売がしたい**
- **自分が大切に思うことを大切にしたい**
- **「こうありたい自分」になりたい**

このような思いを持っている方が、多いのではないでしょうか？　自分のお店を持ちたいと思って独立を目指すのも、このようなところが原動力になっていると思います。

そして、焙煎機はコーヒーショップの中でもアイコニックなマシンです。焙煎機選びには、自分の色々な思いが込められてしまうのは、ある意味当然のこと。**なりたい自分があるならば、それを実現させてくれるマシンを選ぶと良いかと思います。**その上でさらに迷ったときには、この章をまた読み返してみてください。決断のヒントをご提供できるかと思います。

Chapter 4-7

焙煎機設置上の注意点

この章の最後に、焙煎機設置の注意点を解説します。

注意するべき要素としては主に3つ。

- 対保健所（衛生対策）
- 対消防署（火災予防）
- 対近所（煙と匂いの対策）

まず、対保健所。**焙煎は製造作業と見なされますので、基本的にはカウンター内への設置が望ましいです。**ただしこれはケースバイケース。

厳しく見られて指摘されるケースもありますが、**焙煎機については保健所の管轄外だとして、ノーチェックの場合も多いです。**

カウンターの外に出して、できるだけお客様に見える位置に設置したい。そして焙煎店としてのイメージをお客様にアピールしたい、と思う方も多いかと思います。

店内レイアウトが決まったら、内装工事の前に保健所に行って事前チェックを受けるようにしましょう。そのときに指摘されなければ、大丈夫です。

次に対消防署。こちらも、**内装工事前に店内レイアウトと焙煎機の仕様書を持って、最寄りの消防署に行きましょう。**特に**ダクトの材質やサイズ、経路**がチェックされます。ダクトとは、焙煎機から出る排気を通す管のことです。

東京都では、スパイラルダクトという鋼板の使用がマストとなります。

また、**ダクトの直径は10㎝以下が基本**となり、**それ以上の口径になると防火ダンパーの設置が必要になるケースも。**そして、**ダクトの周囲10㎝以内に可燃物を置くことは禁止です。**

ダクト設置に関しての注意点はもう一つあり、それは**取り外しが簡単にできるようにしておくこと**です。ダクトの中には油汚れが堆積します。

数ヶ月に1回程度の頻度で清掃が必要になりますので、そのための措置となります。

焙煎店の一番のリスクは火災です。焙煎時に出るチャフに引火したり、ダクト内の油に引火したり、危険はつきものです。万が一の可能性を排除するためにも、義務でなくとも防火ダンパーを設置したり、できる限りの対策はしたいものです。

最後にご近所対策。焙煎店は煙と独特の匂いがつきもの。**商業エリアならともかく、住宅が近接している場合には苦情に繋がりがちです。**

- **煙突を設置して煙を屋上に逃す**
- **消煙機を設置する**
- **アフターバーナーを設置する**

最悪の場合には、以上のような対策が取れます。ただし、費用がかかります。

そうならないためには、**事前に周辺の方に挨拶と説明をしておくことが重要です。**焙煎機が稼働してからも、こちらからこまめに様子を伺うようにしましょう。**コミュニケーションが取れていれば、感情が拗れることはありません。**

焙煎時間を調節したり、煙を出す位置を変えたり、お金をかけずにできる対策もあります。

信頼関係さえ築ければ、あとは時間が解決してくれることが多いです。人は慣れる生き物。最初は匂いにびっくりした人も、それが日常となれば案外気にならなくなるものです。

ちなみに、煙を建物の外に逃す場所でおすすめなのは、**お店の正面**です。**焙煎で出る強い香りは、とても強い集客効果があります。**嗅覚は、もっとも原始的な感覚であり、それだけに強力に作用します。これを利用しないのは、あまりにもったいない話です。**お店の正面に煙を出せる、出せないは直接的に売上に影響します。**テナントのつくりによっては難しい場合もあるのですが、できる限り工夫して、お店の前の通りに香りを漂わせるようにしたいものです。

コーヒー焙煎のやり方を動画で解説！

https://www.youtube.com/playlist?list=PLLHs_MWuMz0p-o54NRd-_FPyDIDJPioWI

焙煎機設置の注意点をブログで解説！

https://afroaster.com/baisenki-setti

Chapter

5

自分のお店のスタイルに合ったコーヒーマシン・必要設備の選び方

Chapter 5-1

開業に必要な機材とその費用感

焙煎機選びの次は、コーヒー関連のマシン類と厨房設備などの選び方です。

こちらも、こだわればキリのない世界です。ただし**個人が開業する場合は、スモールスタート**が原則かと思います。安いものでも業務用ユースに十分対応できたりします。焙煎機にこだわった分、厨房設備で節約する、などのバランス感も重要です。

前著『ダブルワークからはじめる　カフェ・コーヒーショップのつくり方』でも書いた内容と一部被りますが、この本だけでも理解できるように簡潔に解説していきます。

まず、コーヒーショップ開業に必要な機材は以下のとおりです。★印がついているものが、ほぼマストなもの。ついてないものが、場合によっては必要になるものです。

- **★冷蔵庫**
- **冷凍庫**
- **★製氷機**
- **アイスドリンクディスペンサー**
- **コーヒーメーカー**
- **エスプレッソマシン**
- **★コーヒーグラインダー**
- **★エアコン**
- **湯沸かし器**
- **★浄水器**

こうしてみると、意外と少ないことが分かり

ます。

費用感としては、ピンキリなので難しいところですが、機材に関しては**ミニマム50万円**くらいあれば開業することは可能です。その場合、中古で揃える、最低限のマシンで開業する、などの工夫が必要となります。

費用を抑えるコツとしては、中古で購入すること。特に冷蔵庫などの厨房設備に関しては、中古の市場が活発です。ヤフオクなどのオークションサイトには、そのような中古リサイクル業者が大量に出品しています。そこで直接入札しても良いですし、会社名や店舗名が出ていますので、検索してその業者のサイトを直接見てみるのも良いかと思います。

ホシザキなどの大手メーカーであれば、サポートもしっかりしています。中古であっても、お金を支払えば修理に対応してくれますので、万が一のときにも安心です。

コーヒーショップ開業に必要な機器一覧

ほぼマストなもの

冷蔵庫

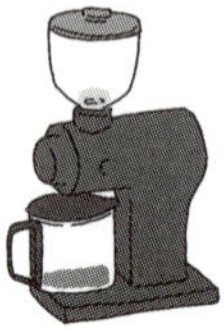

コーヒー
グラインダー

製氷機

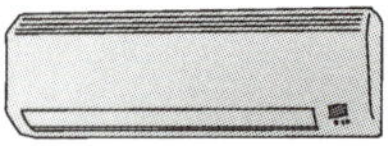

エアコン

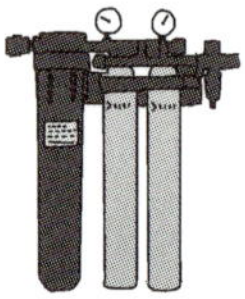

浄水器

あれば便利なもの

冷凍庫
(ストッカー)

コーヒーメーカー

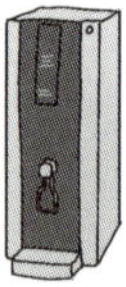

アイスドリンク
ディスペンサー

エスプレッソマシン

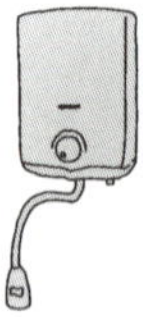

給湯器

Chapter 5-2

各マシン・機材の選び方

それでは、各機材類の選び方のコツを解説します。

・★冷蔵庫

費用感……中古で5～15万円程度

コールドテーブル型といって、上が作業台になる業務用タイプが便利です。お店を運営する上で、冷蔵庫の開け閉めは頻繁に起きますので、**業務用のものがマスト**かと思います。また、**飲食店営業許可取得の条件として、温度計つきの冷蔵庫が求められます。**

大きさはそれほど重要ではありませんが、長く営業を続けると商材は増えていくもの。当初必要なスペースよりも、ワンサイズ大きめのものを購入しておくと安心です。

・冷凍庫

費用感……中古で3～5万円程度

冷凍庫は必要がないお店もあるかと思います。**主にスイーツの冷凍保存に使うことが多い**

です。

最近ではコールドドリンクタイプのアレンジコーヒーに、果物を使うレシピも増えてきました。そこで使う**果物の保存にも、必要なケースがあります。**

とはいえそんなに容量は必要がありませんので、**ストッカータイプにして費用もスペースも節約することもできます。**

・★製氷機

費用感……中古で5~15万円

サイズも余程の繁盛店でない限りは小さめで大丈夫です。1日の製氷能力が25kgタイプがミニマムサイズとなりますが、それで十分なお店も多いです。数が100杯を超えるようでしたら、45kg以上のタイプが安心かと思います。

・アイスドリンクディスペンサー

費用感……中古で3~5万円

ドリンクを急冷し、そのままサーバーとして使える厨房機材です。一度に多くの量のアイスコーヒーを作るために使います。1杯ずつ淹れるお店にする場合、この機材は不要となります。**お店が忙しくなって、1杯ずつ淹れる時間がなくなってから導入しても、遅くはありません。**

・コーヒーメーカー

費用感……中古で2〜10万円

主にバッチブリューを採用するコーヒーショップで使います。一度に700〜1,000ml程度の量を抽出し、ポットで保温しておく方法です。**オペレーションが簡略化され、提供のスピードも爆上がりするメリットがあります。**また、アイスコーヒーの抽出にも使用します。ハイエンドな機種ではプログラムを組むことができ、湯温・湯量・抽出時間・抽出回数など細かく調整できます。

・エスプレッソマシン

費用感……新品で50〜80万円（専用グラインダー含む）

業務用エスプレッソマシンを導入すると、初期費用は一気に膨れてしまいます。中古市場に出回る数も少なく、メンテナンスも考えると**新品が無難**です。導入すると、ラテメニューなどでドリンクの単価アップが見込めたり、外国人の来店対応ができるようになったり、利点はあります。**最初からではなく、お店が軌道に乗ってからの導入でも遅くはありません。**また、エスプレッソマシンを使うときには、専用のグラインダーが必要となり、新品では安いものでも10万円ほどします。

エスプレッソマシンの選び方をブログで解説！

https://afroaster.com/espresso-machine

・★コーヒーグラインダー

費用感……中古で5〜20万円

グラインダーは、自家焙煎店としてこだわりたい部分です。ditting社やMAHLKONIG社が有名ブランドであり、憧れる人も多いでしょう。ただしここに手を出してしまうと、費用が嵩みます。**最初は、国産のグラインダーで十分です。**

豆売り店として、グラインダーに求めるのは**「スピード」**です。会計時にグラインドを行うことが多いので、ある程度のスピードが必要となります。**１分あたり何グラムの量のグラインドスピードかチェックし、５００ｇ以上であれば使えるマシンです。**

コーヒーグラインダーのおすすめをブログで解説！

https://afroaster.com/
coffeegrindrer-osusume

・★エアコン

費用感……20〜50万円

エアコンは意外と費用がかかる部分です。

コーヒーショップは、熱源が多いです。夏場に焙煎機を使用した場合、店内はかなりの熱気となります。そのために、ある程度強力なエアコンが必要になります。業者に相談し、店内で発生する熱量を計算してもらうと良いでしょう。業務用電力（三相２００Ｖ）のエアコンにするのも、一つの手となります。

・湯沸かし器

費用感……５万円〜

店内で調理をする場合、湯沸かし器が必要となります。調理をしない場合には、設置は免除されます。ただし、コーヒーには油が含まれておりますので、器具類はお湯で洗浄するのが望ましいです。**小さいコーヒーショップであれば、小型の最低限の湯沸かし器で十分です。**

・★浄水器

費用感……2・5万円〜

コーヒーショップでは浄水はマストアイテムです。美味しいコーヒーを淹れるためでもありますが、何より製氷機とエスプレッソマシンでは浄水が必要になるためです。業務用の浄水器であれば何でも良いかと思いますが、国内メーカーであればオルガノ、海外メーカーであればEVERPUREが有名です。インターネット通販で普通に買うことができます。

このような感じで、エスプレッソマシンなしで開業するのであれば、機材は最小で50万円くらいの予算で揃ってしまいます。**安く始めて、儲かったらそのお金で良いマシンを買っていく。**

そのようなやり方が、賢いかもしれません。

Chapter 5-3

厨房設備設置の注意点

厨房設備については、できるだけ大手メーカーのものを中古で購入することがコツとなります。**安く購入できますし、万が一のときの修理にも対応できるからです。**ただし出品ありきなので、早めから動いて良い状態のものを押さえる必要があります。出品業者も、購入後１ヶ月くらいなら取り置きの対応をしてもらえることが多いです。そのため、**テナントが決まり次第早めに購入に動いた方が良い**かと思います。

購入予定の機材は一覧にして、必要な電源の種類を出し、内装業者に伝える必要があります。

また、**水道の接続、排水の接続が必要なものもあります。**製氷機は浄水の接続と、排水が必要です。**基本的に、マシンに接続する水は全て浄水を使用します。**マシン内部にカルキが固着すると故障の原因となるためです。

また、コーヒーマシンやエスプレッソマシンは、中には水道管直結のタイプがあります。そのような場合は、**浄水器を通してから水道管を繋ぐように、水道工事業者に依頼します。**

Chapter

6

テナント選びのコツ

Chapter 6-1

自分スタイルに合ったテナントとは

テナント選びはコーヒーショップ経営の生命線。**売上の6～7割はテナントで決まる、**と言っても過言ではありません。**自分がやりたいコーヒーショップのスタイル、目指したい売上から、逆算してテナント探しをすることが重要です。**

テナントを選ぶにあたって考えられるコーヒーショップのスタイルは、大きく分けて、①**カフェ型、②コーヒースタンド型、③食品販売型**と、3つあるかと思います。

カフェ型とは、ドトールやスターバックス、ブルーボトルコーヒーに代表されるような多くのコーヒーショップが当てはまります。**店内席がスペースの多くを占め、イートインの売上がメインとなります。**スイーツやフードに力を入れるケースが多いです。

コーヒースタンド型は、**極小のテナント**で可能なスタイル。**店内席を持たず、テイクアウトドリンクが売上のメインとなります。**ベンチを設置するケースも多いです。

食品販売型は、カルディに代表されます。**コーヒー豆売りや食品販売の売り場が多くを占めます。**店内席も多少あり、ドリンクの提供もすることがありますが、フードはやらないことが多いです。

それぞれに合ったテナントの条件とは何なのか、解説します。

①カフェ型向けのテナントとは？

カフェ型の店舗は、店内席の多さと売上が当然ながら比例します。1坪（約3・3㎡）あたりの客席数は3席くらいが目安となります。例えば10坪のお店とするならば、物販で2坪、カウンター内部で3坪。通路として1坪くらいのスペースは取られるとして、実際には客席スペースは4坪。とすると、客席数は12席程度になることが多いかと思います。

カフェ型の立地の縛りは、やや緩めです。そのお店に行ってくつろぐことが目的となるためです。**2階や地下1階のテナントでも成功することは可能です。**ただしその場合には**専用の階段があり、通りからその階段を通って直接お店に入れることが条件となります。**建物内部の共通階段やエレベーターなどを使用する場合、集客には大きなマイナスとなります。

②コーヒースタンド型のテナントとは？

コーヒースタンドは、少ない坪数で営業できることが魅力です。2坪、場合によっては1坪での営業も可能です。焙煎機を設置する場合でも、3坪あれば十分でしょう。狭いことはとても重要で、**家賃の負担が軽い分、良い立地に出店することが可能です。**

テイクアウトコーヒーの需要を考えると、昼間の人口が多いエリアで、1階路面店がマストになります。そのため、坪単価が高くなりますが、坪数が少ないことで家賃を抑えることができます。

③食品販売型のテナントとは？

食品販売型テナント選びも、立地がかなり重要です。利便性が求められるからです。**人通りの多いエリアで、1階路面店がマストです。**ただし、**売上の柱が物販なので、客席数にとらわれる必要がありません。**

焙煎機を店内に設置する場合でも、最低限5坪あれば営業できます。坪単価が高いエリアへの出店が望ましいので、最大でも10坪以内に収めることが望ましいです。

どちらのタイプのコーヒーショップにも当てはまる共通事項として、次の２点が挙げられます。

①売上は家賃の10倍を目指すこと

②焙煎の煙が出せるテナントであること

家賃が20万円でしたら、200万円の売上を

タイプ別テナントに求める条件

	①カフェ型	②コーヒースタンド型	③食品販売型

広さ	広め（10坪〜可）	狭くてOK（1〜2坪でも可）	狭くてOK（５〜10坪でも可）
立地	人通りが少なくても成立できる場合も	人通りの多いエリアで	人通りの多いエリアで
フロア	専用階段があればＢ１か２階でもOK	１階路面店がマスト	1階路面店がマスト

最終的には達成したいです。人件費率30%、原価30%、家賃10%と考えると、そのくらいの売上があれば成功と言えるのではないでしょうか？

また、店内に焙煎機を設置すると煙と強い匂いが出ます。隣が服屋などで香りが商品につくことを嫌がるケースもあります。上の階がマンションだったりすると、高い確率でクレームに繋がります。いったんクレームになると対策にお金がかかりますので、**周囲の環境にも注意を払ってテナントを探すことが重要となります。**

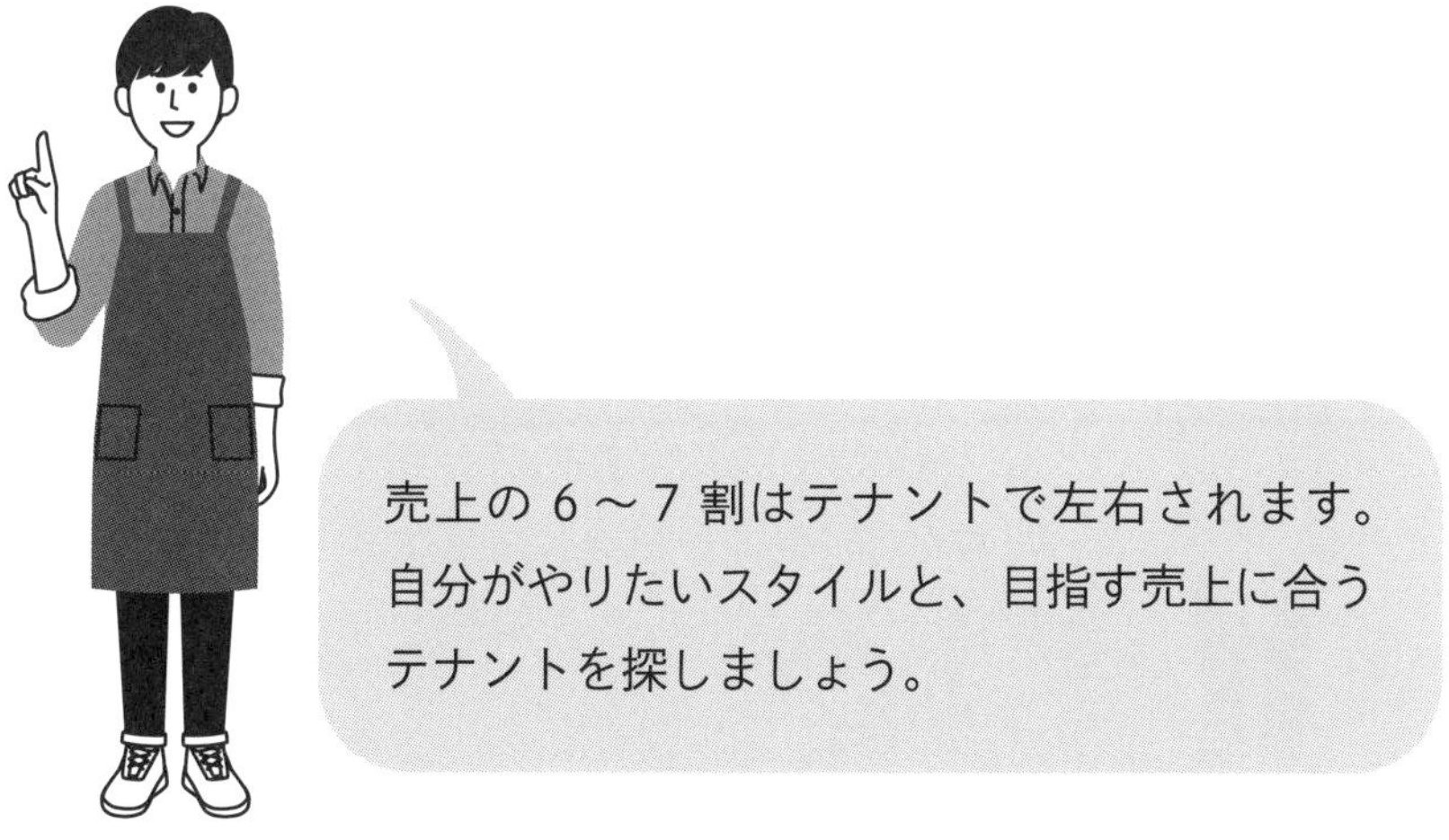
売上の 6 ～ 7 割はテナントで左右されます。
自分がやりたいスタイルと、目指す売上に合う
テナントを探しましょう。

Chapter 6-2

テナント取得費の費用感

テナントの取得費には家賃のおよそ8倍〜12倍ほどかかることが多いです。家賃が20万円としたら、160〜240万円という計算です。**それらを、契約時に支払うことになります。**

契約条件によって大きな差が出ます。内訳としては、家賃前払い分（1〜2ヶ月分）、敷金（家賃の4〜10ヶ月分）、礼金（家賃の0〜2ヶ月分）、仲介手数料（家賃の50〜100％分）、保証会社利用料（家賃の50〜100％分）、それに、火災保険加入料がかかります。

一番大きな差が出るのは敷金です。飲食店は通常多めの敷金が設定されます。ただ、コーヒーショップは軽飲食なので、敷金を少なめにできる場合もあります。

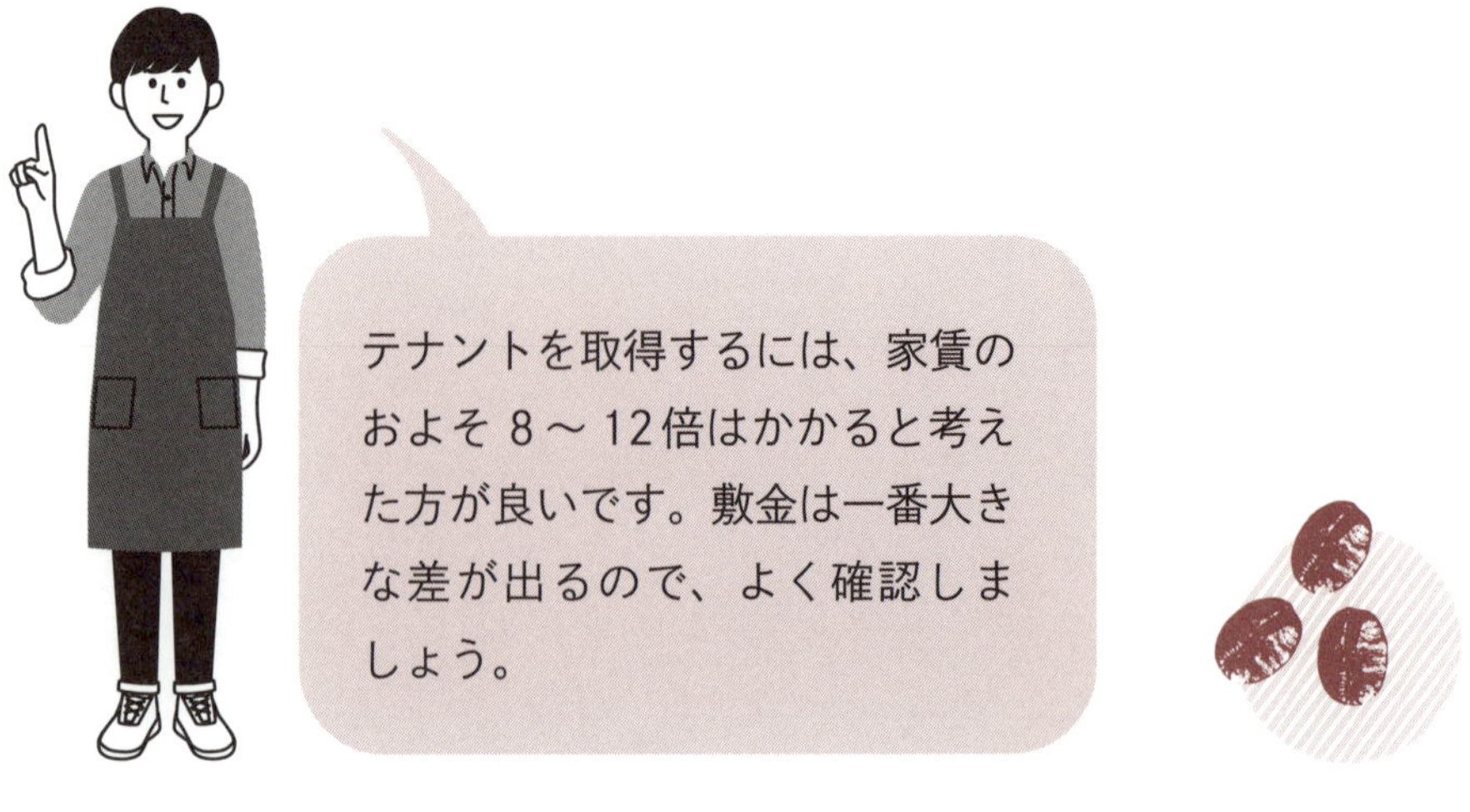
テナントを取得するには、家賃のおよそ 8 〜 12倍はかかると考えた方が良いです。敷金は一番大きな差が出るので、よく確認しましょう。

Chapter 6-3

コーヒーショップにとって理想的なテナント

コーヒーショップに限らずですが、**家賃が安いテナントで、大きな売上を作ることが理想**です。そのためには**集客が容易な、人通り（車通り）の多いエリアの１階路面店**ということになります。そうなると家賃が高くつきますが、狭いテナントにすれば安く抑えられます。狭い分、客席スペースは限られますが、その分はコーヒー豆売りなど物販でカバーする。テナントの狭さによっては、物販に特化する。そんなイメージで商売を組み立てると、成功できる可能性が高まるかと思います。

集客力のあるテナントで坪単価は高いけど、狭い。そのようなテナントが、スモールスタートで大きなリスクを取りたくない場合には、理想なのかもしれません。

最後にもう一つ。**原状回復前の空きテナント情報が回ってきたらチャンスです。**テナントは通常、退去時には入居時と同じ状態に戻さないといけません。これを原状回復といいます。

この原状回復がまだされていない段階で、空き物件の情報が一足早く出回ることがあります。そんなときは**内装費を抑えるチャンス**です。

原状回復前のテナントの場合、色々なものを残してもらうように交渉することができます。そして、残置物を有効活用できるケースがあります。トイレやエアコンなど残置物を活用するだけで、内装費の大きな削減が期待できます。

Chapter 6-4

テナントの探し方

テナントの探し方ですが、こればかりは**足を使って探し回ること**をおすすめします。

ネット上にも出回るテナント募集の情報もありますが、それに頼ると危険です。**良い物件はネット上に出回る前に決まってしまいますし、たとえ出回ったとしても競争率が激しくなります。**

そもそも、各テナントには管理会社となる不動産会社が1社つくことになります。その管理会社が、ネット上に物件を公開するかどうかを判断しています。しかしできれば、管理会社としては公開したくありません。

他の不動産会社が入居者を見つけてしまうと、得られる仲介手数料が半分になってしまうからです。そのため、管理会社はできるだけ自力で入居者を見つけようとします。**優良なテナントであれば、尚更です。**自力で見つけた入居者であれば、大家への説得にも力が入ります。

これらが、テナント探しに足を使わないといけない理由です。できるだけ多くの不動産屋を回り、多くの管理会社と繋がる必要があるからです。

出店希望エリアを歩き回り、そのエリアの不動産会社は全て訪問すると良いと思います。またそれだけではなく、**そのエリア内で「テナント募集」の貼り紙を見つけたら、片っ端から連絡してみることもおすすめします。**

良いテナントか、良い立地かどうかは、もしかしたら売上に対してもっとも大きく作用する要因です。ここを頑張らないで、いったいどこを頑張るというのでしょうか。足を使って不動産屋を訪問するのは大変ですが、これをやるやらないの差は、とても大きいと思います。

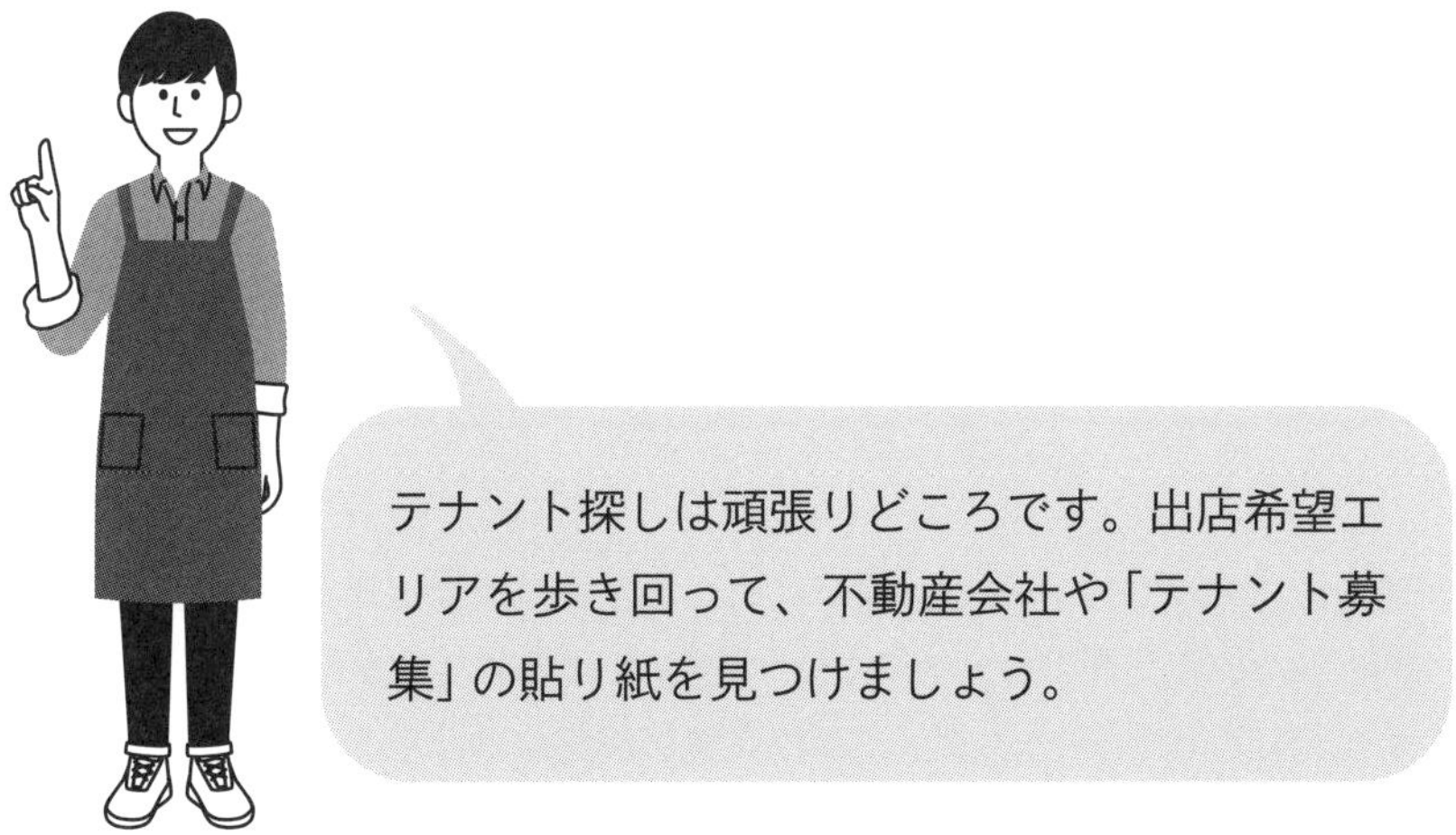
テナント探しは頑張りどころです。出店希望エリアを歩き回って、不動産会社や「テナント募集」の貼り紙を見つけましょう。

Column 2 - イタリアのコーヒーショップを訪問して受けた影響とは

先日、お仕事でイタリアに訪問する機会に恵まれました。イタリアのコーヒーショップは、現地で「バール」と呼ばれています。エスプレッソが生まれた国でもあり、バールは人々の生活に深く浸透していました。

イタリア人は、バールにて、朝は朝食をとりつつエスプレッソかカプチーノ、昼食後はエスプレッソ、夕飯前にはアペリティーヴォと呼ばれる食前酒を飲みます。1日に3回、来店機会があります。

店内には、豊富なエスプレッソメニュー。カウンターはショーケースになっており、その中にはパンやスイーツ、サンドイッチなど、フードも充実。カウンターの上か裏にはお酒の瓶がズラッと並んでいます。大抵のお店には大きな冷蔵ショーケースもあり、ミネラルウォーターやコーラなども販売していました。飴やガムといった駄菓子的なものも置いています。当然ながら、イタリア人の生活習慣に完璧に対応した店作りです。

バールの優れた点を挙げるなら、以下の通りです。

- 生活習慣に沿った店作りを行い、来店機会を増やす
- カウンターのショーケースを充実させる
- 大きめの冷蔵ショーケースを導入

これらは、日本のサードウェーブ系のコーヒーショップが手をつけていない部分です。

極端な話、コーヒーショップであってもミネラルウォーターとか、ヤクルトとか、売っても良いのかもしれません。もちろん、日本にはコンビニがありますので（イタリアにはない）、単純なものを仕入れて売れば良いわけでもありませんが……。それでも、お客様の利便性を高め、来店機会を増やす商材は色々と考えられると思います。

現状の日本のコーヒーショップには、まだまだ果たせる機能が眠っているかもしれない。ポテンシャルをまだ解放しきれていないかもしれない。私も、従来の常識的なコーヒーショップの商材の垣根を取っ払い、広く可能性を探ろう。そう強く思うようになりました。

Chapter

7

コーヒーショップの内装のやり方

Chapter 7-1

内装にかかる費用感

こちらのチャプターではコーヒーショップの内装のやり方、施工時の注意点などを解説します。**内装費は開業費用において、もっともお金がかかるもの。**そこで費用を抑えるコツも詳しく説明します。

内装にかかる費用感ですが、相場はあってないようなものです。カフェなどの軽飲食店の内装費用は、テナントの坪数×30~40万円と言われることが多いようですが、あまりアテにはなりません。

やりたいお店のスタイルや、テナントのつくりによって激しく変わるからです。その気になれば自分でＤＩＹして安く済ませることもできますし、逆にこだわり抜いて高くつくこともあります。

また狭いテナントほど、1坪あたりの内装費は高くなります。同じような内装を施したとして、５坪のテナントでは３００万円としたら、10坪のテナントで４００万円、という感じです。

基本的に開業1店舗目の考え方としては、スモールスタートが原則になるかと思います。

開業すると、当初とは見込みが違うことが多発したり、やってみたいことが新しく出てきたり、色々なことが起こります。そして、内装もそれに合わせて改善する必要が出てきます。

そこで、最初は無理してお金をかけず、最低限の内装費に抑えることが賢いやり方です。

最初から完成形は目指さなくて良いですし、そもそも最初から完成形は見えないものです。

「どうせ内装はそのうち改装する、だから最初は60％のスタートでOK」、くらいに思っておきましょう。

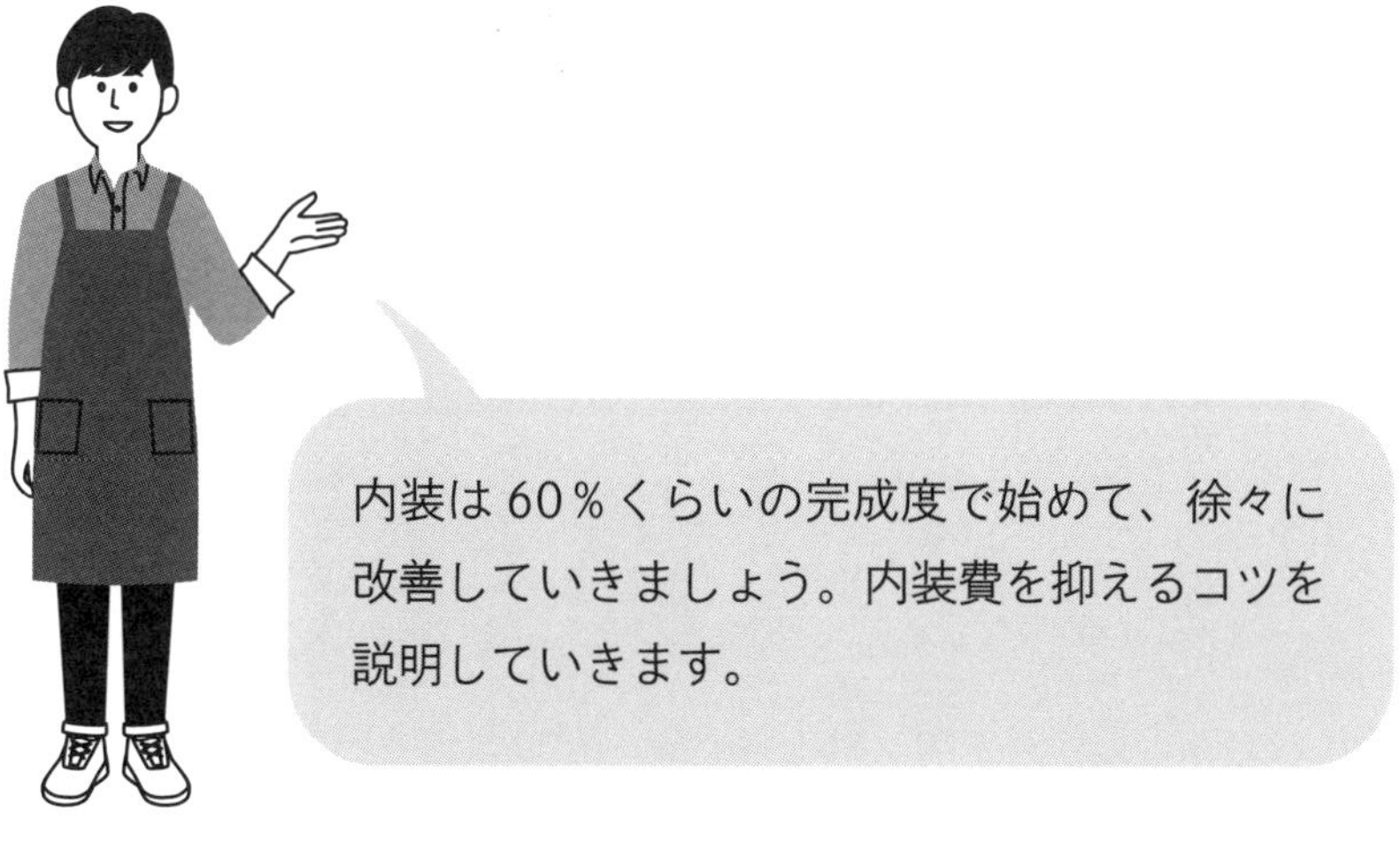
内装は60％くらいの完成度で始めて、徐々に改善していきましょう。内装費を抑えるコツを説明していきます。

Chapter 7-2

内装費用を抑える5つのコツ

スケルトン状態のテナントは、普通に内装をやると小さいお店でも400、500万円といった見積金額になってしまいます。しかし、色々と工夫することで、大きく削減することは可能です。

内装費用を抑える工夫で主なものは5つ。

①相見積を取る
②予算を伝える
③内装屋任せにせず、できることは自分で手配する
④残置物を活用する
⑤最初は未完成を受け入れる

それぞれ、詳しく解説します。

①相見積を取る

内装業者は、必ず相見積を取るようにします。業者によって見積金額はかなり変わってきます。また、どれくらい自分の要望を聞いてくれるか？　費用を抑えるために工夫してくれるか？　人柄や仕事の進め方は自分と相性が良いか？　これらも、業者選びには重要な要素です。

自分が主導権を持って納得のいく開業準備を進めるために、できるだけ多くの業者の中から最適な人を選びたいものです。

あらかじめ「相見積になります」ということを伝えておけば、後で断るときの心理的ハードルも高くなりません。

②予算を伝える

内装屋に予算を伝える、というのはとても大事です。それも、**厳しめの予算**です。予算を伝えずに、やりたいことだけ伝えて見積を依頼すると、普通に積算された金額が出てきます。そこに、工夫や努力はありません。高い金額を前に、こちらが頭を悩ますことになります。

やりたいことを細かく伝えて、尚且つ予算は限られていることを伝えるべきです。そして、もしこの予算で厳しいのであれば、**どうすれば良いか提案をしてほしい**、とまで伝えます。すると、業者側が色々と頭を使ってくれることになります。色々とやりくりをして予算を抑えてくれたり、「代わりにこうしたらどうですか？」と提案してくれたり。

業者もプロです。せっかくなので、自分の頭を悩ます前に、プロの頭を有効活用しましょう。

③内装屋任せにせず、できることは自分で手配する

内装で、自分で手配できることは多いです。

- 水道工事
- 電気工事
- ガス工事
- 看板
- オーニングテント
- 家具

などは専門の業者がネットですぐに見つかります。自分で手配するのは簡単です。**特別なスキルは必要ありません。**

店内のレイアウトと、使う機材一覧があれば円滑に進みます。看板や家具などのイメージも、手書きで伝えればＯＫ。どうしても現場で職人を必要とする、左官工事などのみ、内装屋にお願いすればＯＫ。しかしそれすらも、例えば壁くらいなら自分で塗れたりします。

④残置物を活用する

前チャプターでも説明しましたが、**残置物を活用すると驚くほど内装費用を圧縮できます。**残してもらえるように交渉すると良いものは、次のようなものです。

- 入り口ドア
- エアコン
- トイレ
- 床
- 壁
- オーニングテント
- 照明

以上のものを、使えそうでしたら交渉して残してもらいましょう。入り口のドアなど、場合によってはそれだけで100万円程度の費用の削減効果があります。

⑤最初は未完成を受け入れる

特に商売未経験の方の場合、身の丈に合った投資はとても大事です。まだお店を成功させる力がないのに、やたら美意識だけは高くて内装費にお金をかける……。コーヒー業界にはそんな人が多いイメージです。工夫すれば、安い内装でもおしゃれに見せることは可能です。

また、開業後は「思っていたのと違う」の連続となります。経営していく中で、色々と変化を迫られます。

そのため、最初は未完成のまま開業をしてOK。**最低限で開業し、継続的な改善でお店を作り込み、2年後くらいにお店が完成するくらいのイメージ**でちょうど良いかと思います。

内装費用を抑える5つのコツ

①相見積を取る

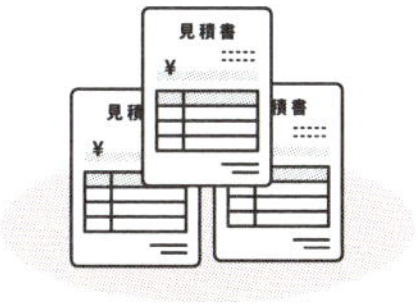

概算見積は
3社程度依頼する。

②予算を伝える

やりたいことを全て伝えた上で厳し目の金額を伝える。プロに削減案を考えてもらう。

③内装屋任せにせず、できることは自分で手配する

水道工事、電気工事、ガスエ事、看板、オーニングテント、家具など、業者は自分で直接手配できる。

④残置物を活用する

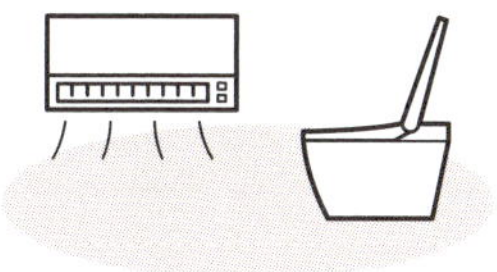

入り口ドア、エアコン、トイレ、床、壁、オーニングテント、照明など、前テナントの残置物を上手に活用する。

⑤最初は未完成を受け入れる

最初は60%の出来でOK。

Chapter 7-3

内装の進め方

具体的な内装の進め方や、それにかかる期間を細かく見ていきましょう。内装の進め方の順番としては、以下の通りです。

①手書きで良いので、イメージやレイアウト図を作成する
②概算見積を3社に依頼する（予算を伝える）
③1社に絞り、正式な見積を依頼する
④正式な見積を見て、取捨選択をする
⑤発注、契約
⑥完成したらチェックし、引き渡し

①手書きで良いので、イメージやレイアウト図を作成する

外観のイメージや、店内のレイアウトを作成します。**パソコンで正確に作る必要はありません。不動産屋より店内の平面図を取り寄せ、そこに書き込んでいけばOKです。**厨房設備などの配置も書き込み、その機材に必要な電源も書き込むと尚良いです。水道や排水の接続が必要なものがあれば、それも注意書きで加えます。

②概算見積を3社に依頼する（予算を伝える）

イメージ図やレイアウト図、使用する機材一覧をもとに内装業者に相見積を依頼します。

そして予算を伝えましょう。どのくらいが予算として適当なのかはテナントによるので分かりにくいですが、妥当な数字が分からなくて大丈夫。**自分が無理なく支払える金額を伝えれば**

内装の打ち合わせに用意する図面（手書きでOK）

①外観イメージ

イラストが難しければ、見本となるようなお店の外観写真などを活用しても良い。
オーニングテントや看板は重要なので、忘れずに盛り込む。

②店内レイアウト図

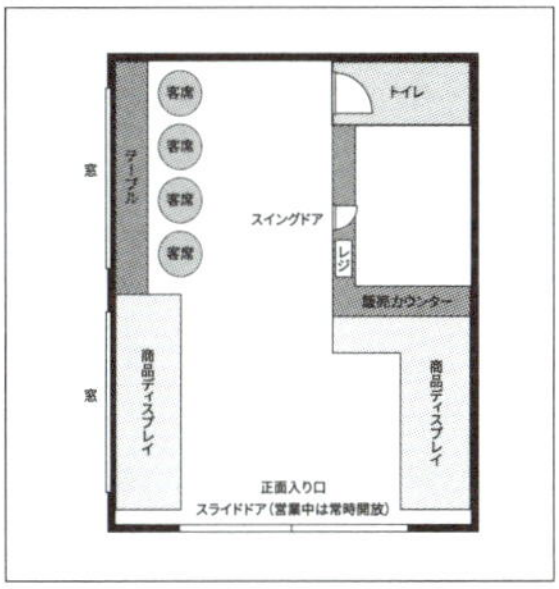

カウンターや棚などの造作が必要なものは全て書き出す。
厨房設備の配置も仮で良いので決める。マシン類はメーカーより承認図を取り寄せておくと良い。

③電源・水道ガスの接続図

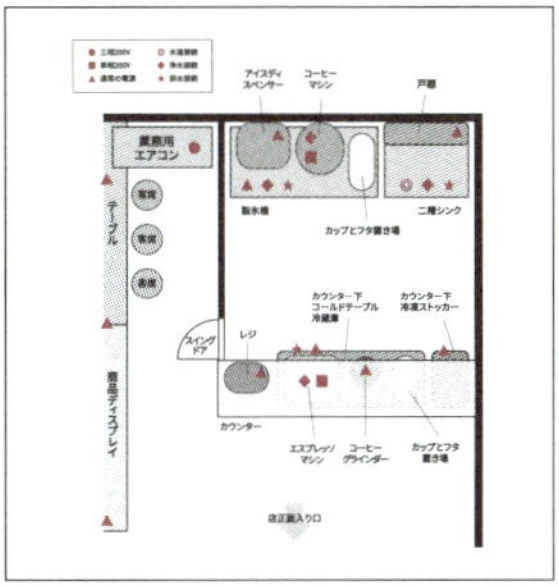

電源や水道などの接続が必要なものは全て記載する。電源には種類があるので、それも分かるように。
照明の設置位置も考えておく。換気扇の設置は忘れやすいので注意。

OKです。

③1社に絞り、正式な見積を依頼する

概算見積を見れば、自分の予算に対して、前向きに頑張ってくれる業者が何となく分かるものです。色々と工夫してくれたり、提案してくれる良心的な業者を選び、正式な見積を依頼します。正式な見積は、作成に時間がかかります。**早くて1週間、通常であれば2週間**ほどです。

④正式な見積を見て、取捨選択をする

正式な見積が出てきたら、内容をチェックします。そして、**予算を超えてきた場合には、何が削減できるかを検討します。**削減して自分で手配するもの、諦めるものなどを決めましょう。

⑤発注、契約

発注する内容が決まれば、正式な契約となります。**多くの場合、この時点で手付金を支払うことになります。**また、発注したからといって、すぐに工事が始まるわけではありません。ここから部材や職人の手配をするので、工事開始まで1~2週間程度かかることが多いです。

⑥完成したらチェックし、引き渡し

内装工事が終われば、現場で要望通りになっているかチェックして、引き渡しとなります。**この後に機材が搬入され、その後保健所の検査を受けることになります。**ここまで来れば、もうオープン間近です。

各工事業者や職人を自分で手配することもできます。内装屋に任せずに、自分が施工管理を

するイメージです。**小さいお店であれば、設計も特にいりません。**現場でサイズを測りながら造作をしていただくことが可能だからです。**簡単なイメージを手書きで描けば、業者もプロなので汲み取ってくれます。**

各業者はネットで検索したり、クラフトバンク（https://craft-bank.com）を利用すると簡単に見つかるかと思います。

こうすることによって、さらに費用の削減が見込めます。

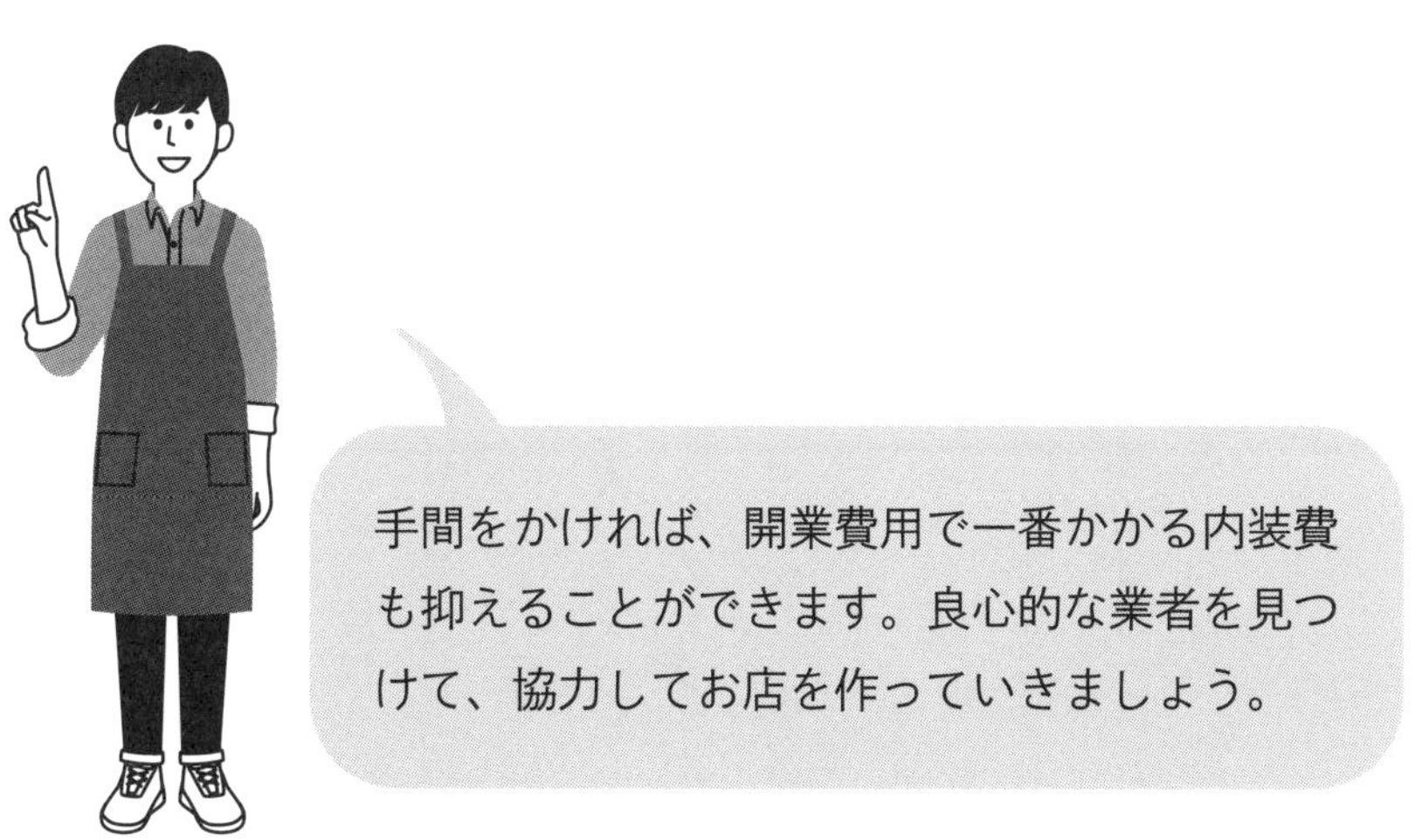
手間をかければ、開業費用で一番かかる内装費も抑えることができます。良心的な業者を見つけて、協力してお店を作っていきましょう。

Chapter
7-4

店内レイアウトの基本的な考え方

店内のレイアウトは、カフェ型と食品販売型スタイルによって、かなり変わります。まず何で売上を作るかを決め、それに合ったレイアウトにすることになります。**基本的にメインの商材を目立つ場所に配置し、かつ大きくスペースを使うようにします。**

通常のコーヒーショップは、カフェ型が多いです。スターバックスとか、ブルーボトルコーヒーなどが代表的な例となります。**売上のメインがイートインであるため、何よりも店内席が優先となります。**外から見たときにも、店内席が見えるようにしてアピールしたり、窓の近くに席を配置して居心地を追求したりします。

食品販売店型の代表例は、カルディです。**売上のメインが物販であり、店内席は少なめか、もしくはゼロの場合もあります。お店入ってすぐの場所を物販コーナーにして、コーヒー豆売りや関連商材の販売に注力します。**店内席を設置する場合、店内奥にカウンター席を数席用意したり、外にベンチを配置したり。物販の妨げにならない程度に配置します。

カウンター内の機材の配置についてですが、作業の流れに沿って機材を配置します。例えばアイスコーヒーを提供する場合、以下の順番です。

①カップを取る
②氷を入れる
③アイスコーヒーを注ぐ

この場合、製氷機の上にアイスコーヒーディスペンサーを配置すると効率的です。

このように、**ホットメニューはこの場所、アイスメニューはこの場所と、使う機材をまとめてしまうのがコツ**です。そして、**スタッフ同士の動線がクロスしないように配慮しましょう。**

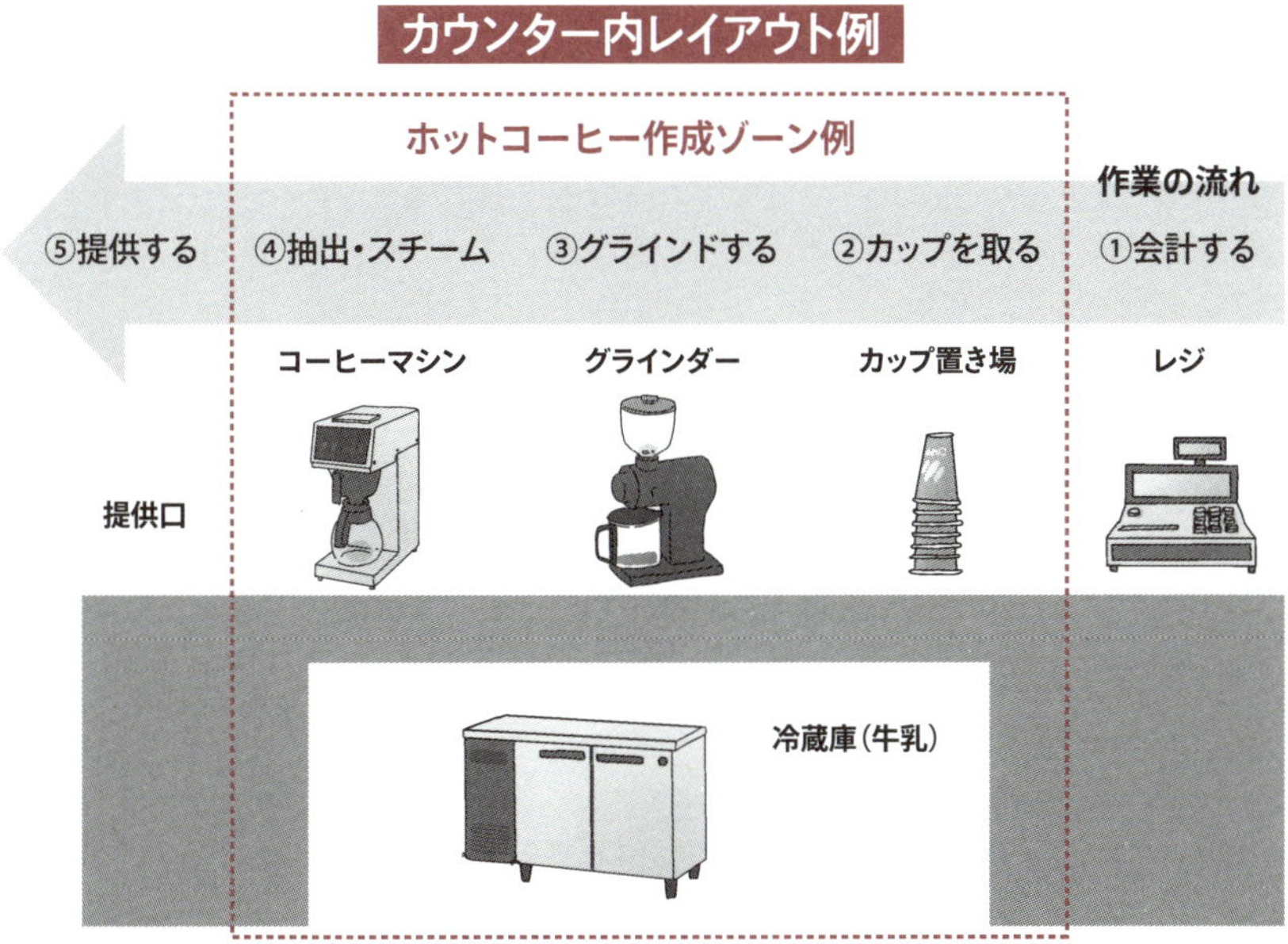

Chapter 7-5

飲食店営業許可を取得する内装のやり方

コーヒーショップは通常、飲食店営業許可証を取得して営業します。出店エリアを管轄する保健所にて申請をします。取得にあたっては設備の条件があり、内装はそれに沿ったものでなければいけません。

主な条件を挙げると、以下の通りです。

・手洗いシンク（規定の大きさあり）があること
・手指消毒の薬液（石けん）の設置
・食器洗いシンク（内径450×360×180㎜以上）があること
・カウンターで客席と厨房が分かれていること
・カウンター内の床は、耐水性であること
・温度計つき冷蔵庫があること
・食器をしまう扉つき戸棚があること
・フタつきのゴミ箱があること
・お客様も利用できるトイレがあること（カウンター内を通らずに行けること）
・客席があること

その他に照明の明るさや従業員の着替え場所など、細かいことも色々とあります。

店内レイアウト図を作成したら、工事前に必ず一度保健所に行き、チェックを受けましょう。お店のスタイルによっては条件が緩和されるもの、逆に厳しくなるものなど様々なパターンがあります。

地域の保健所のアドバイスをいただき、最終

的な図面を決定し、その後に内装工事を正式に発注する流れとなります。

工事が完了する前までには保健所に申請書を提出し、工事完了後には担当者の方をお店にお招きして検査を受けることになります。検査に合格すれば2～3日で営業許可証が発行されます。**なお、飲食店営業許可証の申請には「食品衛生責任者」の資格が必要になります。**

飲食店営業許可証を取得するためには、設備の条件があります。内装は条件をクリアできるものになっているか、要確認です。

Chapter 7-6

水道工事の注意点

コーヒーショップの水道工事の注意点やコツは、以下のような点が挙げられます。

・排水口の位置に注意

排水には傾斜が必要です。特に製氷機は低い位置から排水が出るため、設置位置が限定されたり、底上げしなければいけないケースがあります。

・業務用浄水器を設置すること

製氷機に接続する水は浄水である必要があります。また、コーヒーマシンやエスプレッソマシンで使われる水も浄水です。**業務用の浄水器を設置し、接続は水道工事のときに一緒に頼みましょう。**

・シンクからは、通常の水道水と浄水の2本の蛇口を設置すること

手洗いや食器洗い用には水道水、コーヒーの抽出用に浄水、と2つの蛇口が必要になります。

・ソフトクリームフリーザーも水道の接続が必要

ソフトクリームを提供する場合、そのマシンにも水道の接続が必要になります。水冷マシンの場合、排水の接続も必要になるので、注意が必要です。

・**給湯器はなくても大丈夫**

店内で調理を行わない場合、給湯器の設置が免除となります。**とはいえ、コーヒーは油分が含まれており、お湯での洗浄が望ましいことは確かです。**

・**水道工事前に、製氷機やコーヒーマシンなど、接続が必要な機材の搬入は済ませる**

このように、コーヒーショップの厨房機器には水道や浄水の接続が必要なものがあります。**水道工事が入る前に機材の搬入を済ませておき、一度の工事で全て完結できるようにすると、工事費用の抑制に繋がります。**

水道工事で気をつけるべきポイントはたくさんありますが、なるべく一度の工事で完結できるようにすれば、工事費用を抑えられます。

Chapter 7-7

電気工事の注意点

最後に、電気工事の注意点やコツをいくつか解説します。

・業務用電源を使う場合がある

一部の焙煎機、またエアコンやソフトクリームフリーザーにて、業務用の電源（3相200V）を使用する場合があります。大きなビルであれば既設の場合がありますが、多くの場合は新たにテナントまで引き込み工事をする必要があります。**引き込みにはかなり時間がかかりますので（早くて1ヶ月半程度）、必要になる場合には真っ先に申請を済ませましょう。**

・エアコンの馬力に注意

コーヒーショップには熱源がたくさんあります。焙煎機もフル稼働するとなると、ラーメン屋並みの熱気になります。**電気工事業者に熱量を計算してもらい、エアコンの馬力はやや強めのものをおすすめします。**

・電源の設置位置は、コールドテーブルより上の高さで

電源プラグの設置ですが、コールドテーブル（業務用冷蔵庫）よりも高い位置に設置することをおすすめします。下側に設置すると使いづらく、また掃除もやり難くなります。トラッキング火災の予防のためにも、掃除のしやすい場所への設置が望ましいです。

カフェ開業の内装を自分でやる方法をブログで解説！

https://afroaster.com/cafeinterior-work

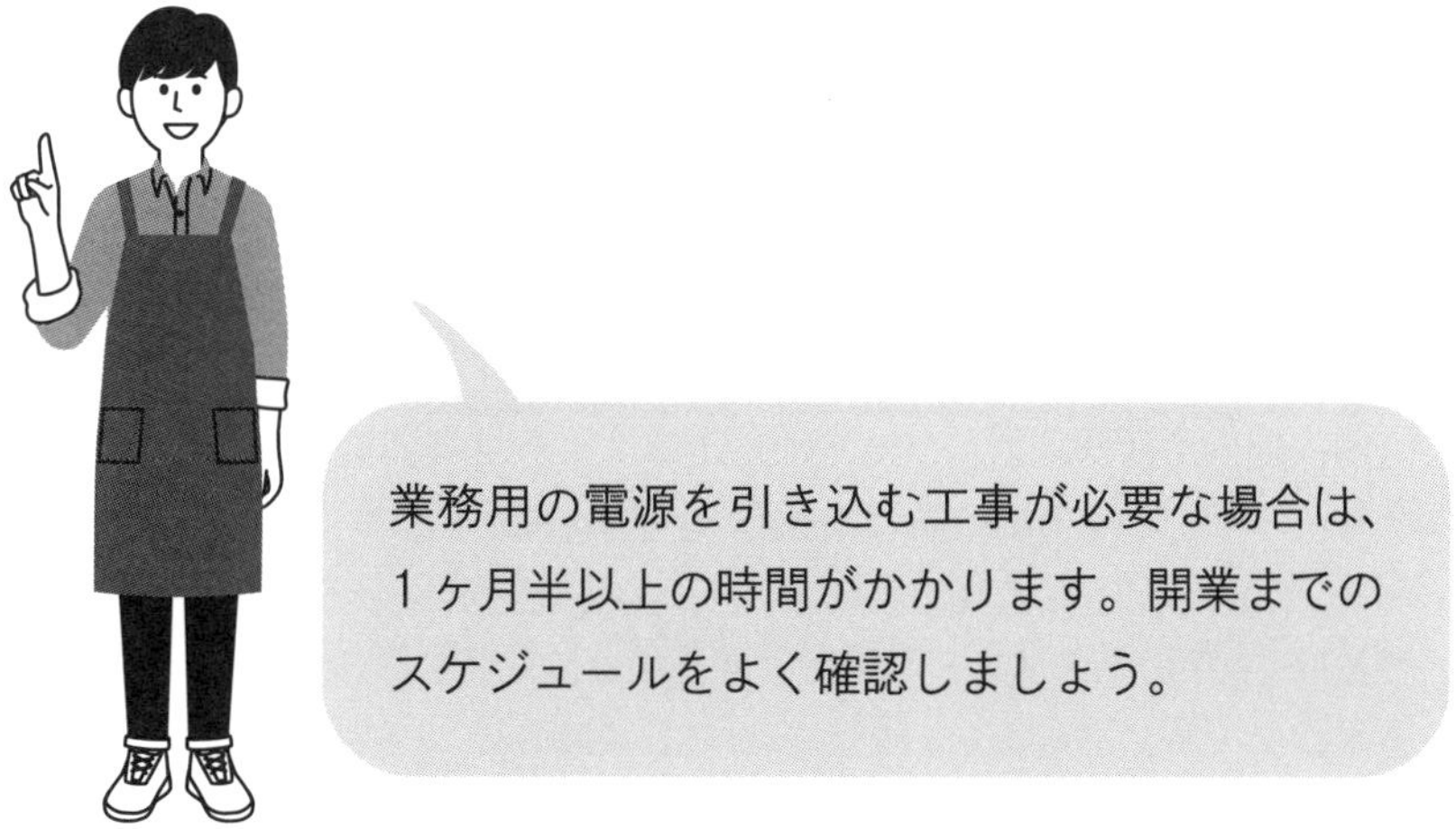
業務用の電源を引き込む工事が必要な場合は、1ヶ月半以上の時間がかかります。開業までのスケジュールをよく確認しましょう。

Column 3 - ノマド生活のリアル

2023年3月から1年半くらい、自宅を引き払って旅に出て、完全なノマド生活をしました。バイクで移動しながら各地の安宿を転々としつつ、全国のコーヒーショップを見て回りました。

旅の費用は結論から言うと、1日5,000円以下で生活することが十分可能でした。

宿泊は、ゲストハウスのようなところに泊まることが多いです。ドミトリーで、1泊2,000～3,000円程度が一般的です。ガソリン代はバイクなので、1日500円くらい。あとは食費。ここは差が出るポイント。ただし自炊すれば、お金はあまりかかりません。

実際のところ、私は1日7,000円以下で過ごすことが多かったです。食費やカフェ・コーヒー代で3,000円程度使うからです。お金をやや使いすぎているな、と思っています。普通に過ごして仮に1日6,000円とすると、30日で18万円です。

自宅がないために家賃も、水道光熱費もいりません。意外と、手に届く距離にある生活スタイルだと思いませんか？

最近のゲストハウスは進化しています。一昔前は、2段ベッドがたくさん置いてある大部屋が多かったです。プライベートがあまりなくて、消灯時間の決まりもあったり。共同エリアでは、旅人同士が交流していて、長期滞在者が幅を利かせている。そんな感じで、私はやや苦手意識がありました。

しかし今のドミトリーは、カプセルホテルに近いイメージです。木材でガッチリと仕切りが作られており、頑丈でギシギシしません。カーテンやブラインドでプライベートも確保されています。しかもゲストハウス自体も新しく、デザイナーズホテルのようにオシャレで綺麗です。旅人同士の交流も控えめで、個人個人が好きに過ごしている印象です。私は他の宿泊者と積極的に交流をしたいタイプではないので、最近のこの兆候は大歓迎です。

今後は、1年の半分はノマド生活、残り半分は定住生活、のようなバランスのライフスタイルを構築し、日本のみならず海外のコーヒーショップを巡るライフスタイルにしていきたいと考えています。

Chapter

8

実店舗での
コーヒー豆の売り方

Chapter
8-1

コーヒーの豆売りは難しい？

自家焙煎コーヒーショップの強みは、コーヒー豆売りで売上が作れることです。豆売りを上手にやるとリピーターを獲得できますので、売上が積み上がっていきます。その積み上げには上限がなく、時間をかければ大きな売上が見込めます。さらに、天候にも売上が左右されにくく、経営が安定します。

ただし一方で、「コーヒー豆売りは難しい」とよく言われます。確かに、コーヒー豆を売ってはみるものの全然売れない、というお店はよく見かけます。コーヒー豆を買うお客様は、いつも買っているお気に入りのお店の一つや二つ、必ずあります。また、ネット通販で購入する人も多いです。

コーヒー豆で売上を作りたいと思ったら、そのような競争に打ち勝つ必要があり、これが豆売りの難易度を上げている要因です。

何も武器がない状態でこの戦いに挑むのは、少々無謀かもしれません。**コーヒーの品質を追求するだけでは、この戦いに勝てません。**

そこでこのChapterでは、豆売りで売上を作るためのノウハウを公開します。厳しい豆売りの戦いに勝つための武器となるものを、いくつかご提供します。

Chapter 8-2

コーヒー豆売りの売上は、積み上がる

まずは、自家焙煎コーヒーショップにおける、コーヒー豆の売上の威力について語ってみます。

コーヒー豆の売上は、積み上げが期待できます。気に入って常連になってもらえれば、その売上はずっと継続し、あたかもサブスクのように積み上がっていきます。

そして、イートインは席数と回転数で売上に上限がありますが、豆売りに上限はありません。

豆売りで売上を作れることは、コーヒーショップにとって大きな成功の近道となります。

コーヒー豆売りとイートインの売上推移イメージ

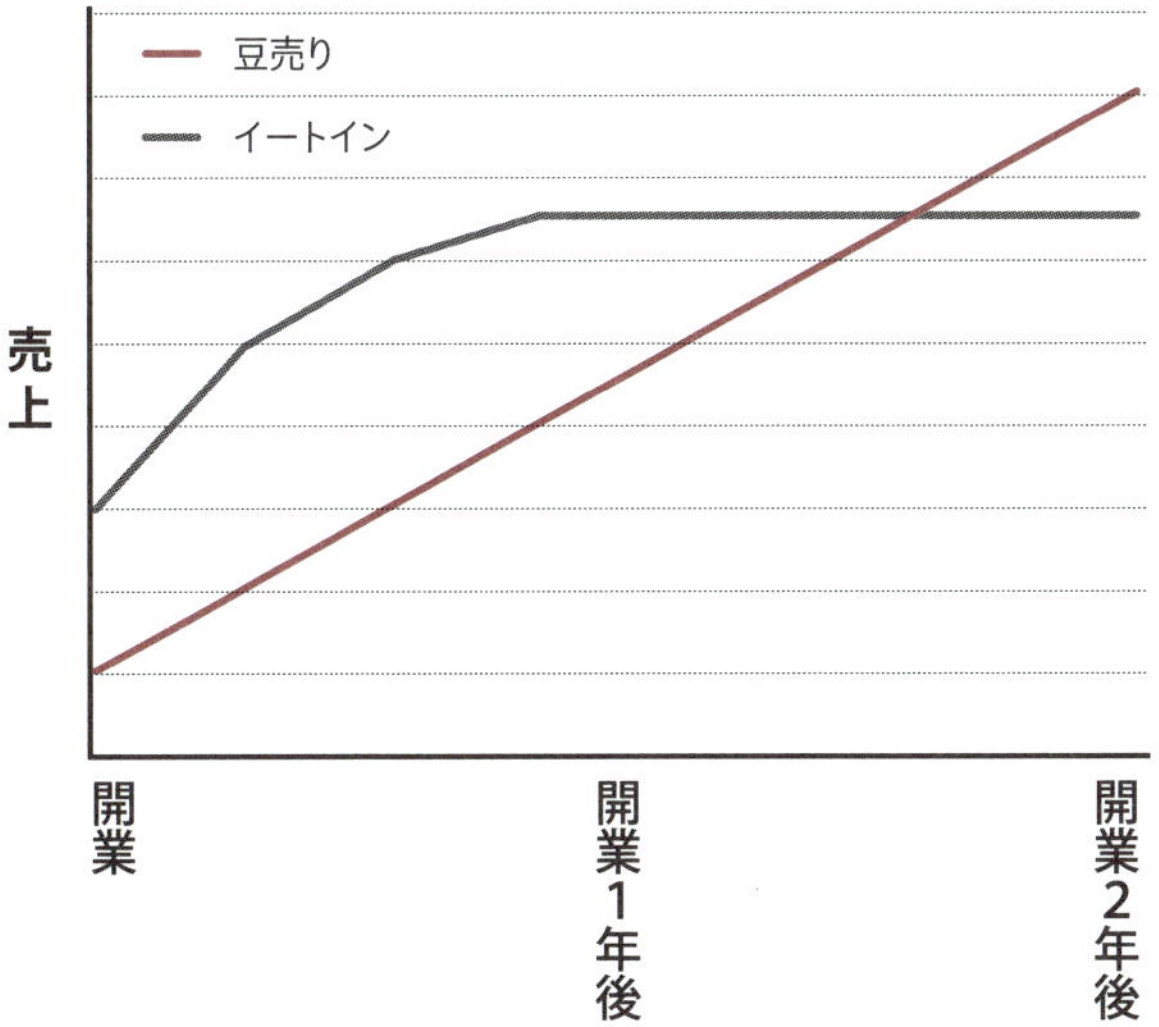

Chapter 8-3

コーヒー豆売り店は飲食店ではない

豆売りで成功しているコーヒーショップには、以下のようなチェーンが代表例です。

・カルディコーヒーファーム　約500店（全国）
・豆工房コーヒーロースト　126店（全国）
・大和屋　42店（群馬、全国）
・やなか珈琲　37店（東京、名古屋）
・南蛮屋　23店（神奈川）
・函館美鈴　23店舗（北海道・全国）
・UCCカフェメルカード　21店（全国）
※2024年4月時点

これらを見ると、一目瞭然ですね。そうです。**みんな食品販売店であって、カフェではないのです。**

コーヒーショップというと、スターバックスとか、ブルーボトルに代表されるようにサードウェーブ系のおしゃれなショップを思い浮かべる方が多いと思います。最近個人で開業されるコーヒーショップも、自家焙煎をやりつつもドリップやエスプレッソにこだわり、サードウェーブ系の店作りをしているところがほとんど。

ただしそのようなお店は、売上のメインはドリンクが圧倒的です。スタバやブルーボトルもコーヒーショップのフリをしていますが、**実態は「カフェ」**です。スタバでアルバイトをしていた方なら分かると思いますが、豆売りの売上のインパクトなど、ほとんど感じなかったはずです。

この原因は、上記の豆売りで成功しているコーヒーチェーンと照らし合わせて考えると、ハッキリと分かります。**コーヒー豆を買いに行くお客様は、「カフェ」には行かないんです。行くのは「食品販売店（としてのコーヒー専門店）」なんですね。**

多くの自家焙煎コーヒーショップは、ここで間違えます。カフェの業態をメインとして営業して、そのカフェ利用客に対して、ついで買いを誘って豆も売ろうとしてしまいます。このやり方では、かなりターゲットが絞られてしまいます。それで、「豆が売れない」と嘆くマスターが、この業界に溢れているのが現状です。

カフェには、お茶をしたい人が来るもの。豆を買いたい人は、カフェには行かないんです。

Chapter

8-4

豆売りを伸ばす5つのポイント

コーヒー豆を買いたい人に来店してもらうためには、コーヒー豆をはじめ食品販売を中心に店作りをする。これは、どうやら豆売りで成功されているお店の共通事項のようです。

それら豆売りで成功しているチェーンのやり方のエッセンスを、私なりに5つにまとめてみました。

①外観をコーヒー豆売り店にする
②内装、レイアウト、ディスプレイをコーヒー豆売り店にする
③出店エリアのお客様の、第一想起を獲得する
④ライト層に向けた店作りをする（入りやすさ、分かりやすさ重視、関連商材の拡充）
⑤お客様の潜在意識に働きかける

これらは、コーヒーショップとして大きく成功するために、とても大切なポイントです。

詳しく解説します。

①外観をコーヒー豆売り店にする

お店の外観を、カフェではなく「コーヒー豆売り店」にすることが、まずは第一歩。

スタバなどの通常のコーヒーショップは、カフェの外観をしていることが多いです。窓際に客席を設置するため、お店の外から見たときにはカフェの印象になります。

何よりも重要な点は、**入り口**です。**物販店は、一般的に開放的な作りになっています。**八百屋

とか、日本茶屋を思い浮かべると分かりやすいですが、そもそも入口が存在しません。カルディも基本的にはそうです。シャッターを開けて、全開放でそのまま営業しています。通りとお店の境目が曖昧で、お客様から見て商品が目につきやすく、店内にも入りやすいです。

これが理想なのですが、こうすると飲食店営業許可が取れません。取得には、入り口のドアが必要になるからです。そこで、コーヒーショップとしては、**入り口はなるべく大きめに取るように**にします。ドアも3枚のスライドドアを使うと効果的です。大きく開放した状態で営業ができるからです。こうすることによって、飲食店営業許可を取ってドリンクも提供でき、食品販売店としての良さも出すことができます。

外観をコーヒー豆売り店にする

カフェ型

客席を前面に持ってくる。
壁際やカウンター横に物販スペース。

豆売り型

物販を前面に押し出す。
客席を設けるとしたら、お店の奥、目立たない場所で良い。

②内装、レイアウト、ディスプレイをコーヒー豆売り店にする

これは、商品の優先順位をはっきりさせることから考えます。ドリンクなのか、コーヒー豆販売なのか、それとも別の食品販売なのか？ドリンクであれば、通常のカフェとしてのレイアウト。コーヒー豆を中心とするのであれば、コーヒー豆のディスプレイを中心に組み立てます。食品販売であれば、カルディのようなレイアウトを考えます。

一番目立つところ、つまり入り口を入ってすぐのところにディスプレイを設置するのが王道。しかも、その大きさはメイン商材にふさわしいボリュームが必要です。

反対に、客席は優先順位が低くなります。設置するにせよ、目立たないお店の奥や、カウンター席などの設置を検討します。

③出店エリアのお客様の、第一想起を獲得する

第一想起を獲得するとは、「コーヒー豆を買いたいとなった場合に、真っ先に思い起こされるお店になること」です。コーヒー豆を買って家で挽いて飲む人は、お気に入りのお店の一つ、2つは持っています。それを覆し、一番目に想起されるお店になる必要があります。

方法は色々あるかと思います。

- **品数を多くする**
- **利便性を高める**
- **鮮度や品質にこだわる**
- **サービスを手厚くする**
- **ブランドイメージを高める**
- **コスパを良くする**

第一想起は、一朝一夕で獲得できるものではありません。**自分のやりたいスタイルや、その地域のニーズなどを考え、コツコツと試行錯誤**

コーヒーショップの店内レイアウト例

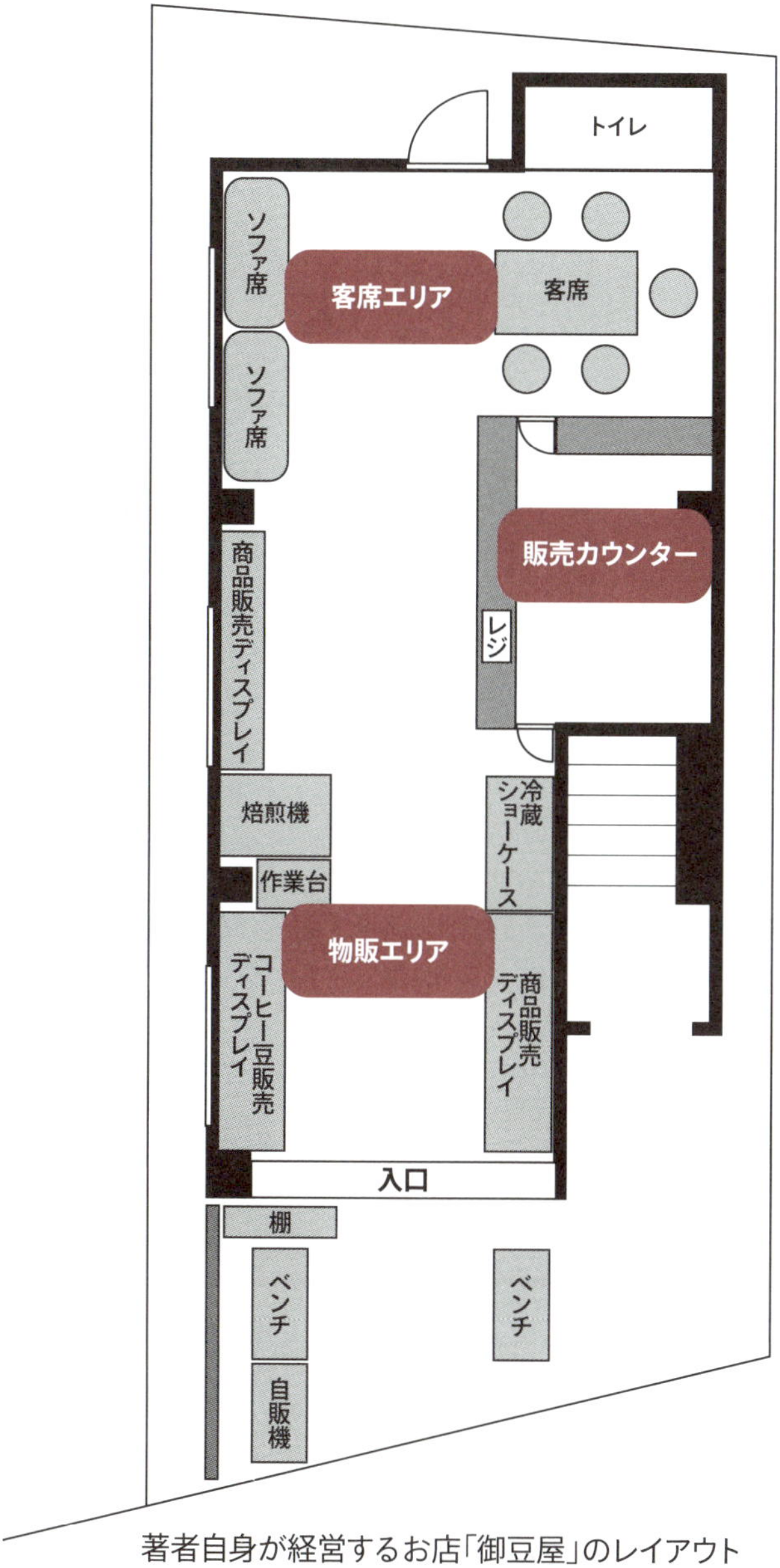

著者自身が経営するお店「御豆屋」のレイアウト

していきましょう。

④ライト層に向けた店作りをする（入りやすさ、分かりやすさ重視、関連商材の拡充）

コーヒーを志す人は、ここを疎かにする傾向があります。**コーヒー豆を購入する層で一番のボリュームゾーンは、「コーヒーは好きだけど、あまり詳しくないし、あまりこだわりもない」という人です。**年齢層も高い傾向があります。斬新なお店にも、あまり寄りつきません。

そのような、**「ライトにコーヒーが好きで保守的な人達」でも気軽に立ち寄れるお店。**そういった印象を持てるお店が、豆売りでは成功する傾向が強いです。

⑤お客様の潜在意識に働きかける

お店の外観や内装を頑張って、コーヒー豆のラインナップを増やして、品質にこだわって……、と色々とやったところで、お客様に認識されなければ意味がありません。そのため**お店の認知を獲得することには、徹底的にこだわり、やり過ぎなくらいがちょうど良いです。**

看板やポスター、文字情報などでお店や商品をアピールするのは当たり前ですが、それでは不十分です。人々は、いちいちお店や看板などを見ていません。ましてや、文字は読まれません。お店の目の前を何回も通っている人ですら、お店の存在に気づかないことは多々あります。

そこでシズル感のある写真、キャッチーなディスプレイ、BGMなどの音、コーヒー豆や焙煎の匂いなど、全てをフル動員する必要があります。普段から忙しいお客様の脳を飛び越して、潜在意識に直で刺激を届けるような、そんなお店作りを意識すると結果が出やすいのではないかと思います。

特に匂いは重要です。**もっとも原始的な感覚器官であり、それだけにもっとも影響が強いものでもあります。**焙煎で出る香りの誘引力は強烈です。

そのため、焙煎機の排煙ダクトはお店の裏手ではなく、お店の正面に向けて出すことをおすすめします。

潜在意識に働きかけるためには

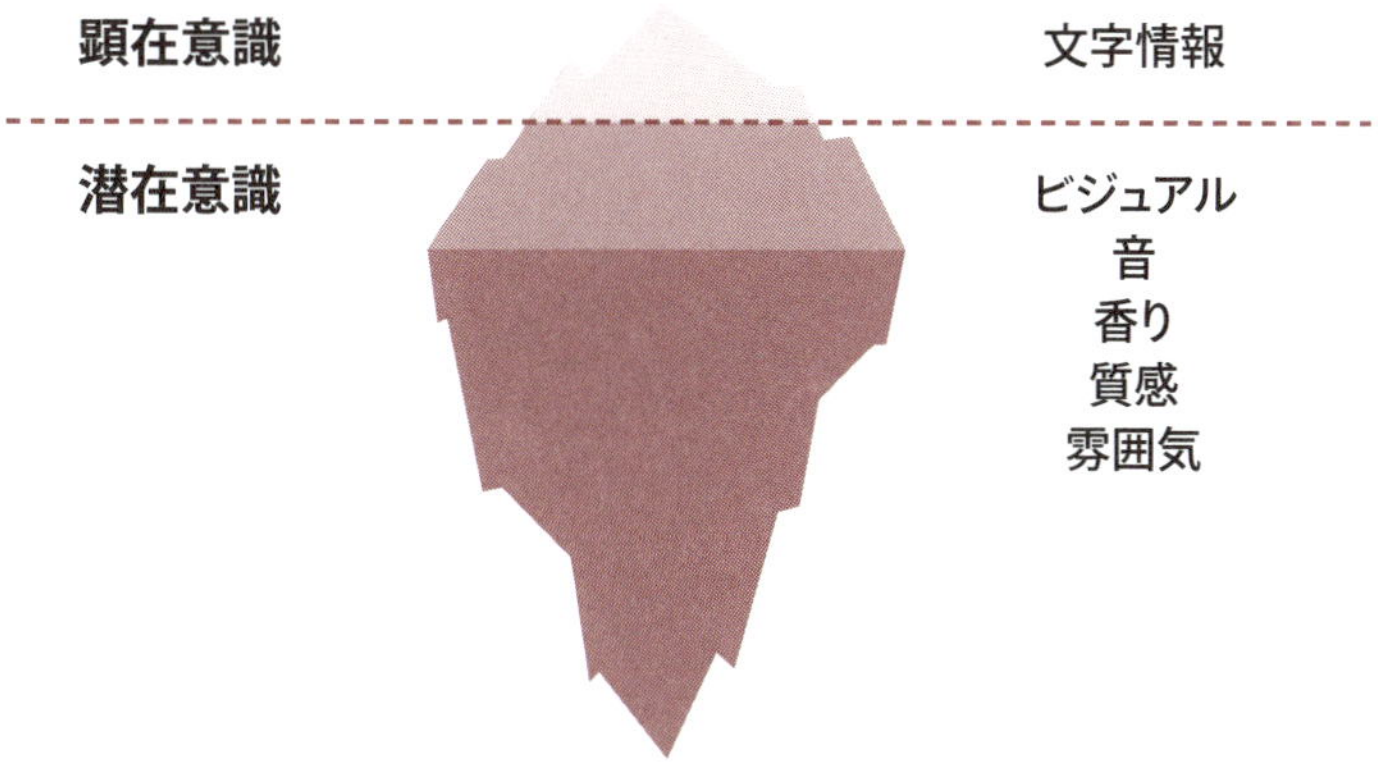

文字で伝えるのは効果がかなり限定されてしまう。
一瞬で多くのことを伝えるために、あらゆる手段を活用する必要がある。

Chapter
8-5

豆売りでやりがちな失敗

コーヒーショップがコーヒー豆売りにおいてやりがちな失敗とは、基本的には今まで説明した5つのポイントの逆をやってしまうことです。そして、そんなショップは驚くほど多いです。

①外観がカフェっぽい、または何屋なのか分かりにくい

見た目がカフェっぽいコーヒーショップはとても多いです。**行き過ぎた美意識によって、何のお店か分からないような外観のお店も。**

②レイアウトを客席中心に考えている

客席を優先的に設置し、コーヒー豆の露出が少ない、隅に追いやられている。壁際の棚でコーヒー豆を販売している、などのパターンも本当に多いです。

③豆売りのディスプレイが小さい、ラインナップが少ない

客席を確保する代償に、豆売りのディスプレイがカウンター上の一角のみになってしまったりしている。**小さいショップであれば、客席を削ってでも豆売りなどの物販スペースを確保する必要があります。**また、ラインナップ数がかなり少なく競合店と比べて見劣りしてしまうと、選ばれにくいお店になってしまいがちです。

④品質や個性を重視するあまり、お客様のニーズがないがしろになっている

コーヒーの品質に真剣なあまりに、お客様がついて行けなくなるパターンも多いです。高品質、高価格帯、尖った個性……。このようなコーヒー豆を日常使いしたいお客様って、いったいどのくらいいるのでしょうか？

⑤コーヒー豆売り店として分かりにくい、使いにくい

これら①～④のことを一言でまとめると、「分かりにくいお店。使いにくいお店」ということになります。

安心ないつもの味で、コスパの良い豆。分かりやすいお店や売り場、商品作り。そのような、ある意味で没個性的な追求も、結構重要だったりするのですね。

コーヒーの豆売りでやりがちな失敗を、やってしまっていませんか？　分かりやすいお店、売り場、商品作りを意識してみてくださいね。

Chapter 8-6

豆売りのディスプレイにこだわる

そのようなわけで、**豆売り店としてお客様の第一想起を獲得するために、コーヒー豆売りのディスプレイには徹底的にこだわりましょう。**

コーヒーショップの豆売りのディスプレイは、年々進化しています。しかし、一度セッティングしたディスプレイを後から変えるのは大変です。**以前からあるお店は、成功しているお店ほどディスプレイが変わりません。**繁盛しているコーヒーショップでも、コーヒー豆売りのディスプレイが前時代的、なんてことがよくあります。

そのため、後発組にもチャンスがあるということです。

分かりやすく、インパクトもボリュームもあるディスプレイを作りあげ、「コーヒー豆を買うならこのお店」というポジションの獲得を積極的に狙っていきましょう。

そして、コーヒー豆を売上の中心とするならば、ディスプレイにはそれなりの大きさが求められます。**売り場面積と品目数は、売上額と相関関係があります。**カウンターの隅に少し豆を並べるくらいでは、大きな売上は見込めません。ディスプレイにある程度のボリュームを確保して、それに展示する要素を検討して選択することになります。

そして、その要素とは以下のようなものがあります。

- コーヒー豆のパッケージ
- コーヒー生豆
- 焙煎されたコーヒー豆
- プライスカード
- コーヒー豆のプロファイル情報
- 試飲
- アロマグラス

これら全てを展示する必要はなく、お店のスタイルに合ったものをピックアップし、組み合わせて展示することになります。

ポイントとしては、**文字情報ではなくビジュアルで伝えること**です。例えばコーヒー豆を販売していることを伝えるときに、掲示物で伝えるのは一番の悪手です。**最悪でもコーヒー豆のパッケージ、できれば焙煎されたコーヒー豆そのものを展示するのが、一番伝わります。**

また、コーヒー生豆を合わせて展示することで、**暗に「ここで焙煎されている鮮度の良い豆」ということも伝わります。**

そして最近では、試飲やアロマグラスを一緒に展示するお店も増えています。**基本的にお客様は失敗することを恐れています。**知らないコーヒーを購入するのはリスクを伴いますので躊躇しますが、試飲があればその不安は払拭されます。アロマグラスでも香りだけは確認することができますので、その不安を減少させる効果が見込めます。さらに、アロマグラスなどを展示するとディスプレイとしても華やかになり、高級感の演出などにも繋がります。

このような要素をいくつか組み合わせ、そこにプライスカードを掲示することで、売上を作れるコーヒー豆ディスプレイにすることができます。

コーヒー豆売りのディスプレイ例

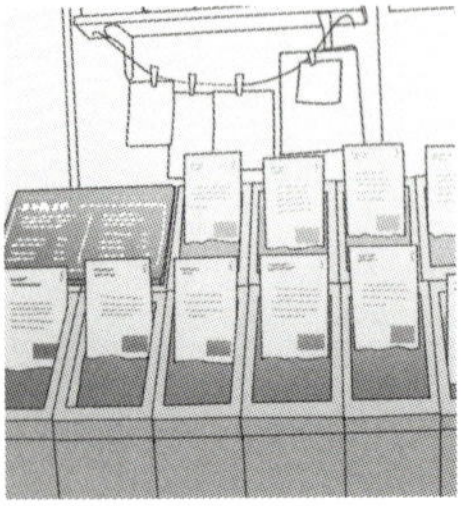

生豆展示
ディスプレイ

焙煎豆、試飲展示
ディスプレイ

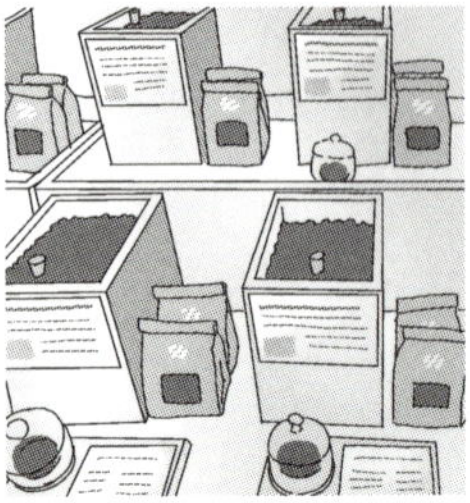

生豆、アロマグラス、
パッケージ展示
ディスプレイ

ディスプレイにこだわって、お客様の印象に残るお店作りを目指しましょう。ポイントは「文字情報ではなくビジュアルで伝える」です。

Chapter 8-7

顧客を積み上げよう

コーヒー豆を買ってくれるお客様は、ＬＴＶが大きくなる傾向があります。**ＬＴＶとはライフタイムバリューの略で、「その顧客が一生のうちでそのお店に支払ってくれる総額」のことです。**

いったん気に入ったコーヒー豆が見つかれば、繰り返し購入してくれるので、あたかもサブスクのように売上が積み上がっていきます。

コーヒー豆の売上は初速こそ出にくいですが、何年も営業を続ける中で大きく膨れ上がっていくのは、このためです。これこそが、最近のコーヒーショップが軒並み豆売りに力を入れている理由でもあります。

そこで、**コーヒー豆を購入するお客様の顧客化を促進する取り組みは、非常に重要になります。**ただ売るのではなく、そこにひと工夫を入れることによってお客様の離脱を予防し、ＬＴＶを最大化させていきましょう。

・顧客化する確率

一般的に、飲食店において初回来店のお客様のうち、2回目の来店に繋がるのは10%と言われています。これは飲食店を対象としたデータなので、コーヒー豆売りのお客様に当てはまるかどうかは分かりませんが、ある程度は当てはまっているかと推測しています。

10%とはかなり低い数値に見えますが、しかし2回来店したお客様が3回目来る確率は

40％と跳ね上がります。３回目の来店ともなると過半数のお客様が顧客化します。

そこでまずは２回目、３回目の来店を促す施策が必要となります。初回来店時にクーポンを渡すお店が多いのは、このためです。クーポンの配布以外にも、ポイントカード、ＬＩＮＥ友達登録でプレゼントなど、色々な方法があります。

いくつか組み合わせて運用することも有効です。

・顧客リストを獲得しよう

また、顧客リストの獲得も非常に重要です。リストとは、例えばＬＩＮＥ友達登録とか、会員登録、メルマガ登録などです。Instagramなどお店のＳＮＳアカウントをフォローしてもらうことも、これに含めても良いかと思います。

リストを獲得すると、こちらから何回もお客様にリーチすることができます。キャンペーンをお知らせしたり、新商品の入荷をお知らせしたり、お金をかけずに告知することが可能になります。

リストはお店にとって資産になりますので、これにはお金や労力をかけてでも取り組む価値があります。プレゼントキャンペーンなども行って、リストの獲得には積極的になるべきです。**リストが積み上がれば積み上がるほど、お店の経営は安定していきます。**

Chapter 8-8

コーヒー豆売りの接客方法

コーヒー豆を購入されるお客様は、いったん顧客化すると長い間お店にお金を落としてくれます。それが積み上がっていくので、結果として大きな利益をお店にもたらします。そして、3回目の来店を実現させることができれば、高い確率で顧客化することになります。

そのため**コーヒー豆売りの接客も、3回目の来店をいかに実現させるか？　にフォーカスすることが大切です。**

お客様の好みのストライクゾーンを効率的に探り、そこに確実に当てていく必要があります。お客様には色々なタイプがいらっしゃいます。

味の好みは人それぞれですし、またコーヒーに興味のある方もいれば、ない方もいます。丁寧な接客が好きな方もいれば、淡白な接客が好みの方もいます。

そこで、できる限り幅広い方に対応できる接客を考察してまとめると、次のようになるかと思います。

①コーヒーの詳しい説明はいらない
②お客様の味覚のストライクゾーンを探る
③2回目の来店時は、本当にストライクだったかの確認作業
④2回目の来店のお客様は顧客化のチャンス。100％ストライクを取る

①コーヒーの詳しい説明はいらない

たいていのお客様は詳しい知識は求めていいま

せん。稀にコーヒーマニアな方はいらっしゃいますが、そのような方はむしろ自分がしゃべりたい人です。**こちらからコーヒーのことを詳しく説明するのは、求められない限りは基本的にNG。**

それよりも、**せっかくの貴重な接客時間は、お客様のことを理解するために使うべき**です。挨拶程度の会話をしてみて、会話を求めているようなお客様であれば、色々と質問してみましょう。

お客様の嗜好を探るには、以下のような具体的な質問を投げかけてみると良いかと思います。

- **ミルクは入れるか？**
- **どんなシーンで飲むか？（朝にパンと一緒か、午後に甘いものと一緒かなど）**
- **ご家族で飲むか？（旦那さんと奥さんの嗜好がバラバラのことも多い）**
- **抽出方法は？（ハンドドリップか、エスプレッソか）**
- **お気に入りの生産国や焙煎のレベルはあるか？**

「どのような味がお好きですか？」などとふわっとした質問は、時間を間延びさせるだけです。

②お客様の味覚のストライクゾーンを探る

質問とともに、試飲でお客様の反応を探ることはとても有効です。**できれば、2種類くらい焙煎レベルの異なる試飲を用意すると、お客様の味覚のストライクゾーンを探りやすくなります。**

しかし、試飲していただいたときに、「このコーヒーの味はどうですか？」と**漠然と聞くの**

はNG。お客様も気を遣ってくれるので、「美味しいです」という感想になってしまいがちです。それでは、お客様のストライクゾーンを探れません。

味の感想は、ネガティブに聞くことがコツです。浅煎りのコーヒーなら、「酸味はキツくないですか？」、深煎りのコーヒーなら、「苦味はキツくないですか？」、こう聞くと、お客様の本音が引き出せます。その反応をもとに、お客様の味覚にフィットするコーヒーを提案することができます。

③2回目の来店時は、本当にストライクだったかの確認作業

そして、次に来店されたときには、答え合わせが必要です。**前回購入されたコーヒーは、実際にどうだったか？　これも、ネガティブに聞いて本音を探ってみましょう。**

このとき、前回購入されたコーヒーが何だったか覚えていないお客様も多いです。**ポイントカードを作ってメモ書きしておいたり、システムに購買履歴を残すようにしたり、何らかの工夫があると良いでしょう。**

④2回目の来店のお客様は顧客化のチャンス。100%ストライクを取る

初回購入のコーヒーの感想をネガティブに聞くと、「もっと苦味があっても良い」、「もっと酸味が少ない方が良い」、などの正直な反応が引き出せます。それをもとに、**また微調整をした提案を行います。**

なお、**コーヒー豆の提案は2~3種類程度するのがおすすめです。**1種類にせずお客様に選択肢を与えるのは重要です。

また予算感も人それぞれですので、**価格帯の違う豆も選択肢には入れた方が良い**かと思います。

このようにして、**よりお客様の感覚に合う「接客の濃度」、「コーヒーの風味」、「コーヒー豆の価格」を探り出し、できれば初来店時からストライクゾーンに当てていきたいです。**

ただし、初回からストライクを取れなくても、セカンドチャンスはもらえることが多いです。しかし2回続けて外すと、「美味しくないお店」の印象になってしまいます。**2回目の来店では確実にストライクを取り、3回目の来店に繋げていきましょう。**

そして**3回目の来店が実現すれば、その方は長くお店とつき合ってくれる顧客となってくれます。**

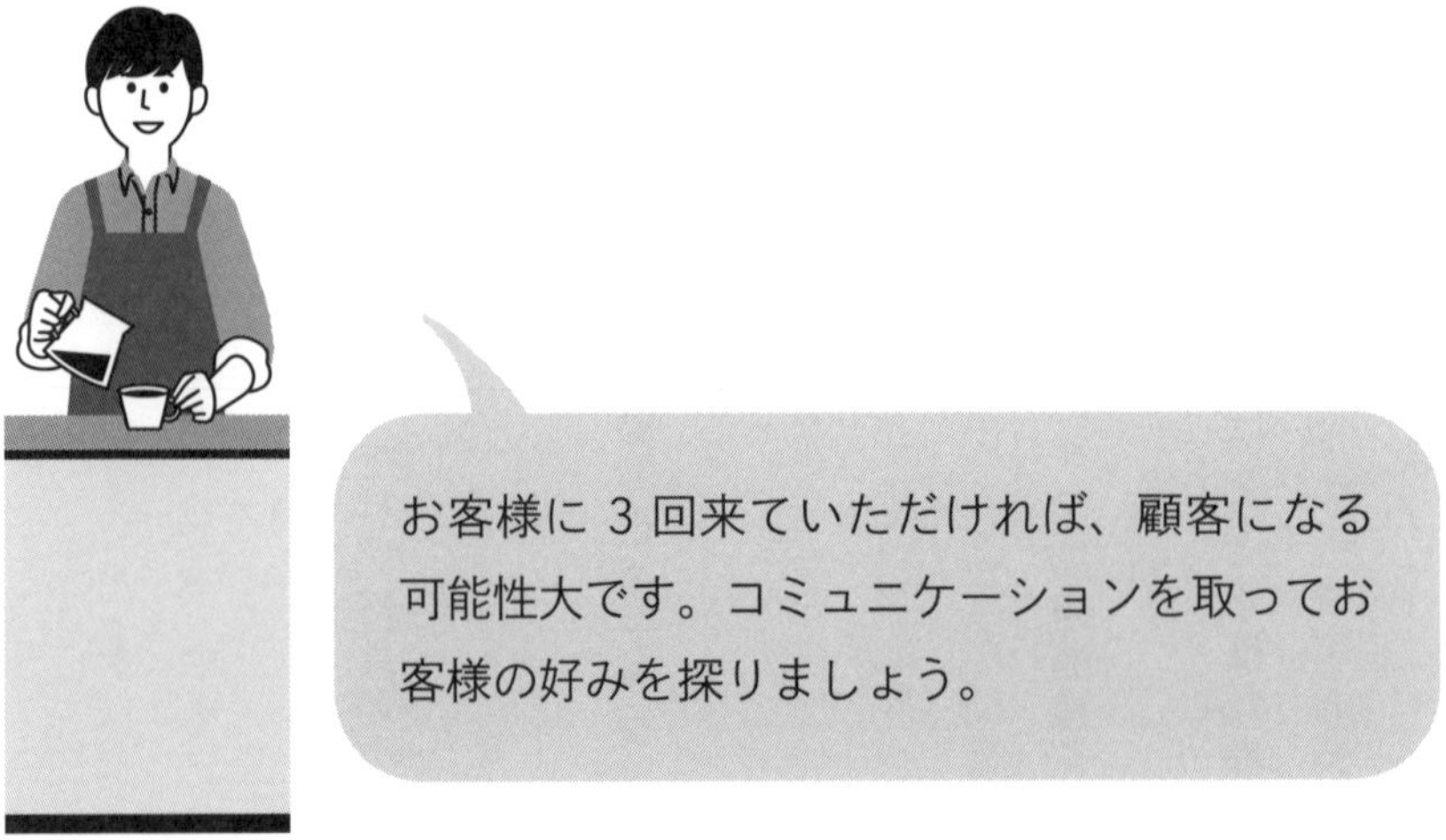
お客様に3回来ていただければ、顧客になる可能性大です。コミュニケーションを取ってお客様の好みを探りましょう。

Chapter 8-9

コーヒー豆のプライシング

コーヒー豆の価格の相場は、あってないようなものです。原料となるコーヒー生豆の価格は年々値上がっているとはいえ、原価率を低く抑えることは可能。色々なグレードの豆があるからです。お店を開業するにあたって、豆の値つけは迷うところです。

価格を考えるうえでの方向性としては３つあります。

- 高級店
- 中級店
- 量販店

高級店とは、１００gあたり１,０００円を超えるような値段設定です。洗練された商品作りで、**意識が高い層やコーヒーマニア層向け**と言えます。

中級店は、１００gあたり８００円以上程度。コーヒー専門店ではありますが、**コーヒーをライトに好きな方向け**のお店と言えます。

量販店は、いわばカルディです。１００gあたり５００円以下の値段設定で、**「コーヒーは好きで毎日たくさん飲むけど、こだわりは持たない層」**がターゲットです。

自分のお店がどの層をターゲットとするのか、そこから値段設定を考えることとなります。

私は日本中のコーヒー専門店を見て回ってい

ますが、私の肌感でもここ数年でだいぶコーヒー豆の販売価格が上がりました。１００ｇあたり1，０００円を超える豆は、もはや珍しくありません。スペシャルティコーヒーの高品質なコーヒーの認知も広まってきています。

しかし一方で、高価格帯のコーヒー豆の販売に苦戦しているお店も目につきます。この原因は2つあるかと思います。

・ここ数年の急速な値上げにお客様がついて来れていないため

・消費者の舌が肥えてきたため

こちらの対策としては、「品質と価格のバランスが良いコーヒー」を見つけ、販売することかと思います。

今後のコーヒーショップは、高い品質でコスパの優れた豆探しに、ますます努力が必要になってくるでしょう。

Chapter

9

コーヒーショップがやるべき商材の全て

Chapter 9-1

コーヒーショップは儲からない？

この業界にいてしばしば耳にするのが、「コーヒーショップやカフェは儲からない」ということ。確かに、あまり儲かってなさそうなお店はたくさん見かけます。しかしその一方で、成功されてチェーン店化しているお店もあります。

コーヒーの豆売りで一番の大手ですと、カルディコーヒーファームですね。しかし、多くの個人経営のコーヒーショップは、成功例であるカルディスタイルを目指しません。おしゃれでコーヒーの品質や抽出にこだわった、サードウェーブ系を目指しがちです。

そして、「儲からない」と言っていたりします。

これって、経営者としてやや未熟な態度だと思いませんか？

自分のやりたいことを追求するのは良いです。

しかし、自分のやりたいことばかりに集中してしまい、お客様のニーズに意識が向かないお店が多いようです。お客様のニーズに気づけず、それで儲からないのは必然です。

そこでこのChapterでは、コーヒーショップに求められるニーズに沿った商材は何があるのか、細かく見ていきます。

Chapter 9-2

現状のコーヒーショップは商材が少ない

コーヒーショップが手がけるべき商材も、お店のスタイルや出店地域の特性によって大きく変わってきます。カフェであれば当然、ドリンクやスイーツ、フードに注力します。食品販売店型であれば、コーヒー豆売りとともに、輸入食材の販売に力を入れるお店があったりします。

よくありがちな失敗例としては、次のようなものがあります。

- おしゃれで意識高い系の内装
- 客席中心のレイアウト、イートイン中心の売上
- フードは焼き菓子中心のスイーツのみ
- 高品質なコーヒーと、こだわりの焙煎と抽出
- 豆売りディスプレイは販売カウンター上のみ
- ドリップバッグや器具、雑貨販売も少々

コーヒーマニアの人がお店を作ると、こうなりがちかと思います。スタイリッシュに高品質なコーヒーの提供に集中したいからです。結果、イートインが売上の中心なのに、スイーツやフードのメニューは貧弱。そして豆売りも売れないという、**何ともチグハグなお店**になります。

スペシャルティコーヒーが日本に入ってきた当時であれば、このようなお店も注目され繁盛しました。**しかし、もうそんな時代ではありません。**

コーヒーは美味しくて当たり前、コーヒーショップはおしゃれで当たり前。それ以上の価値提供をしないと生き残れない時代です。**お客様のニーズを掘り起こし、それに応えて、コーヒーショップとして提供できる価値を最大化していくことが求められています。**

そのような現状において、先ほどの失敗例のお店は、ニーズに全く応えていません。誰にも刺さらないお店になっています。

イートイン中心の店作りであるならば、フードに力を入れない理由はありません。逆に、豆売りを頑張りたいというのであれば、カウンターの上でこぢんまりと売っている場合ではありません。ディプレイを広く取り、品数を増やし、ギフト商材など関連商材も充実させる必要があります。

売り場面積や商品点数は、売上額と強い相関関係があります。

売上を作れない多くのコーヒーショップは、**自身のスタイルに適した商材が不足しがちです。**単純に、手数が足りてないんです。

Chapter 9-3

何かに特化して、その中でバリエーションを増やす

商品やサービスが充実しているショップは、やはり繁盛しています。**ただし、やみくもに商品点数を多くすれば良い、というわけではありません。**手を出す範囲を広げると、お店の印象がぼやけてしまって、誰にも刺さらないお店になります。また、メニューや商品が多くなるとオペレーションにも負荷がかかり、お店が回らなくなっていきます。

そこで、**商品カテゴリを絞って専門店としての特徴を出しつつ、そのカテゴリの中でバリエーションを増やす**ことが有効です。

そして、これもカフェ型と食品販売型とでは、取り組む商品が異なります。**カフェ型のショップであれば、売上の柱であるイートインメニューのラインナップを増やすこと。**コーヒーなどドリンクに力を入れるのは最低限として、スイーツもしくはフードで何かに特化し、そのバリエーションを増やすことです。

例えばドトールでは、ミラノサンドなどサンド系のメニューのバリエーションを持っていて、そのイメージが一般に定着しています。特化するものはスイーツでも、もちろんＯＫです。例えばパンケーキをやると決めたら、そのバリエーションを増やしていく、といった感じです（珈琲館がこのパターンですね）。

お店の出店地域のニーズ、自分の長所ややりたいことを照らし合わせて、何に特化するかを検討すると良いでしょう。

一方、**食品販売型のショップの究極形はカルディかと思います。**コンビニやスーパーとは差別化された、輸入食材に特化した形ですね。**ただし、同じ業態を最初からマネするのはハードルが高いですし、そもそもマネをする必要もありません。**では、例えば何に特化すれば良いのか？

おすすめを、次で解説します。

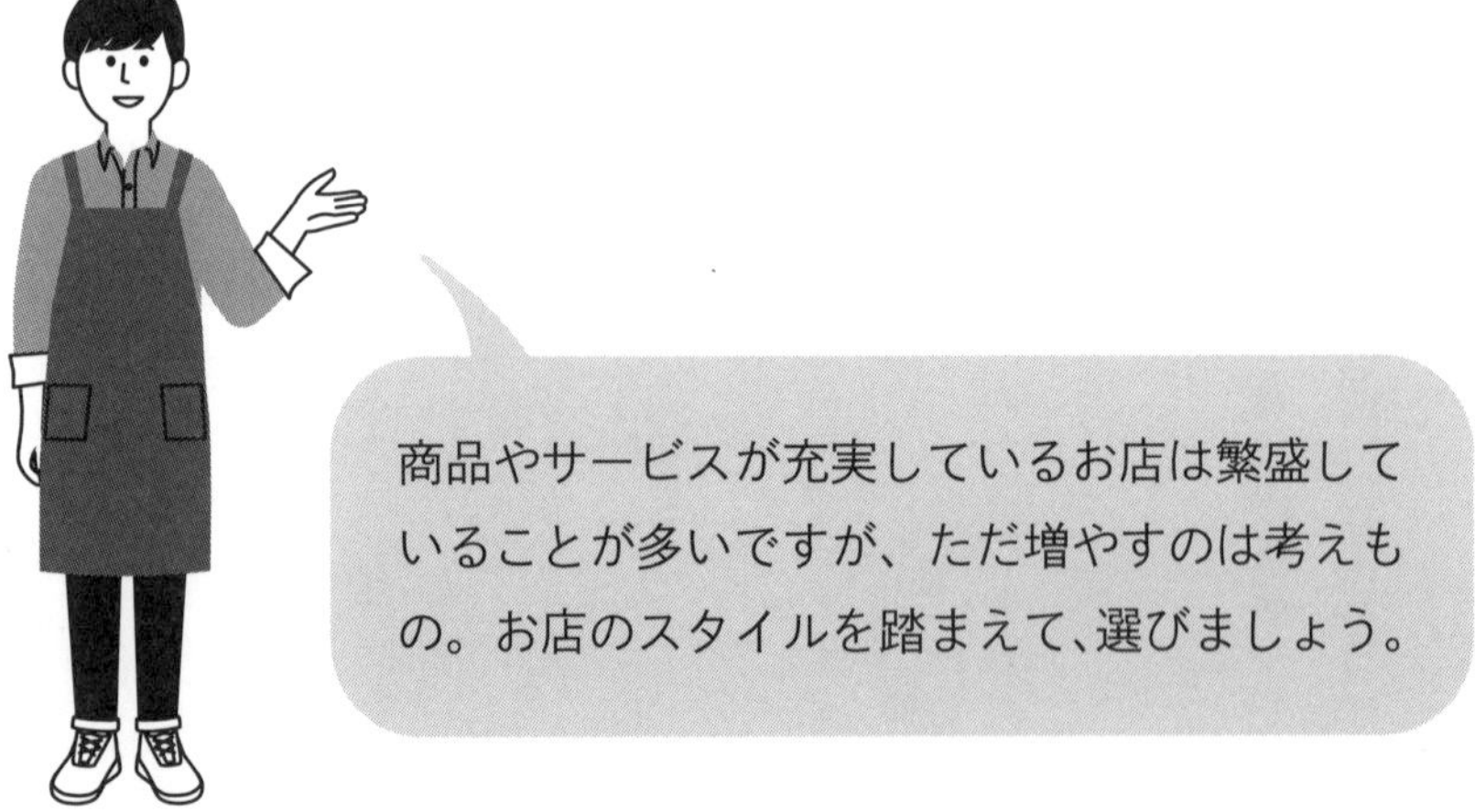
商品やサービスが充実しているお店は繁盛していることが多いですが、ただ増やすのは考えもの。お店のスタイルを踏まえて、選びましょう。

Chapter 9-4

食品販売型コーヒーショップのおすすめ商材 Best 9

食品販売型といってもコーヒーショップですので、やはりコーヒーに特化することがおすすめです。コーヒー専門店としてのポジションを獲得できて、お店のオペレーションも効率的で、一石二鳥です。

　それではコーヒーというカテゴリに絞られた商品展開で、どのようなものがおすすめなのか？　順に紹介します。おすすめ順です。

①コーヒー豆

　自家焙煎店で、コーヒー豆売りは売上の中心です。**売り場も目立つ場所に広くディスプレイし、ラインナップも充実させることが鉄則。**その地域の人々が、「コーヒー豆を買うならこのお店」となるポジションを確立させます。売上の構築にはやや時間がかかりますが、しかし長い期間売上が伸び続ける傾向があり、結果として大きな売上を作ることが可能です。

②ドリップバッグ（水出しパック）

　コーヒー豆は今まで、ギフト需要に適した商材ではありませんでした。贈り先の方が器具を持っているのか？　豆と粉はどちらが良いのか？　など、ギフトとしてはややハードルの高い商材だったんですね。

　それが、ドリップバッグの登場で一変しました。**器具なしで気軽にドリップできるので、コーヒーショップがギフト需要に応えられるよ**

うになったのです。製造も簡単です。店内で手詰めで作ることができますので、製造のハードルも低く、お店のコーヒー豆のロスを防ぐ役割も果たしてくれます。

手詰めドリップバッグの作り方を動画で解説！

https://www.youtube.com/watch?v=qOGDLv1qafs

手詰めドリップバッグの作り方をブログで解説！

https://afroaster.com/original-dripbag

③ミニギフト、ギフト商品

ドリップバッグが普及したことにより、コーヒーショップはギフト需要で売上を作ることができるようになりました。そのポテンシャルに気づけたお店は、ここに力を入れています。色々な企画を打ち出し、商品企画の大喜利状態になっています。深煎りのドリップバッグを数種類組み合わせた「深煎りコーヒー飲み比べセット」、焼き菓子と組み合わせた「コーヒーペアリングセット」などです。

ただし、このギフト売上のポテンシャルに気づいているコーヒーショップはまだまだ少ない印象です。

④コーヒーリキッド

濃縮タイプで、お湯やミルクで割って飲むタイプが一般的です。最近では保存料なしで低温殺菌の、美味しいものも出てきました。

⑤ボトル詰めアイスコーヒー

お店で抽出したアイスコーヒーを、注文に応じてボトルに詰めて提供しているお店もあります。**夏場はコーヒーショップにとって閑散期となりますので、このボトル詰めのアイスコーヒーは貴重な売上の柱となります。**

⑥ソフトクリーム

こちらも、**貴重な夏場の売上減対策**となる商材です。また、フロートにできるなど、ドリンクメニューのバリエーションを増やしたり、単価アップを狙えたりします。**ソフトクリームのディスプレイを店頭に出すことによって、入店のハードルを下げる効果もあります。**

⑦お持ち帰りスイーツ

コーヒーのお供に、スイーツは外せません。

コーヒーショップに求められるスイーツとしては、やはり焼き菓子が王道です。ただし、和菓子や冷蔵スイーツなど、色々なものが考えられます。

私がおすすめするのは、「コーヒー味のスイーツ」。「コーヒーを飲むお供に、コーヒー味のスイーツはないでしょ！」と思われるかもしれませんが、これには理由があります。**コーヒー専門店として「お土産需要に応える用」としてのスイーツには、ニーズがあるのです。**カフェ型ではなく、食品販売店型のコーヒーショップならではのニーズとも言えます。

⑧ＢｔｏＢ（卸売、ＯＥＭ製造、ポットサービス）

ＢｔｏＢ、つまり対企業や卸売にも、大きな可能性があります。コーヒー豆の卸売は自家焙煎店にとって、王道の商売です。その他にもドリップバッグのＯＥＭ製造、ビジネス街であればポットサービスなども需要が強いです。

お店によっては、このＢｔｏＢが売上の大きな柱になるケースもあります。

⑨その他（サブスク、通販、イベント、ワークショップ）

その他、ネット通販やイベントへの出店、ワークショップの開催など、取り組めることは多いです。**この商売の手広さが、コーヒーショップの経営の安定に繋がっていると思います。**打てる手が多いので、色々と試行錯誤すれば、何かしらの売上が作れるからです。店頭でのドリンク提供のサブスク、コーヒー豆販売のサブスクなどにも取り組むお店も増えてきており、私も注目しています。

食品販売型コーヒーショップのおすすめ商材

コーヒー豆
ドリップバッグ
ギフト
コーヒーリキッド・
ボトル詰めアイスコーヒー
ソフトクリーム
スイーツ
卸売・OEM・
ポットサービス
サブスク・通販・
イベント・ワークショップ

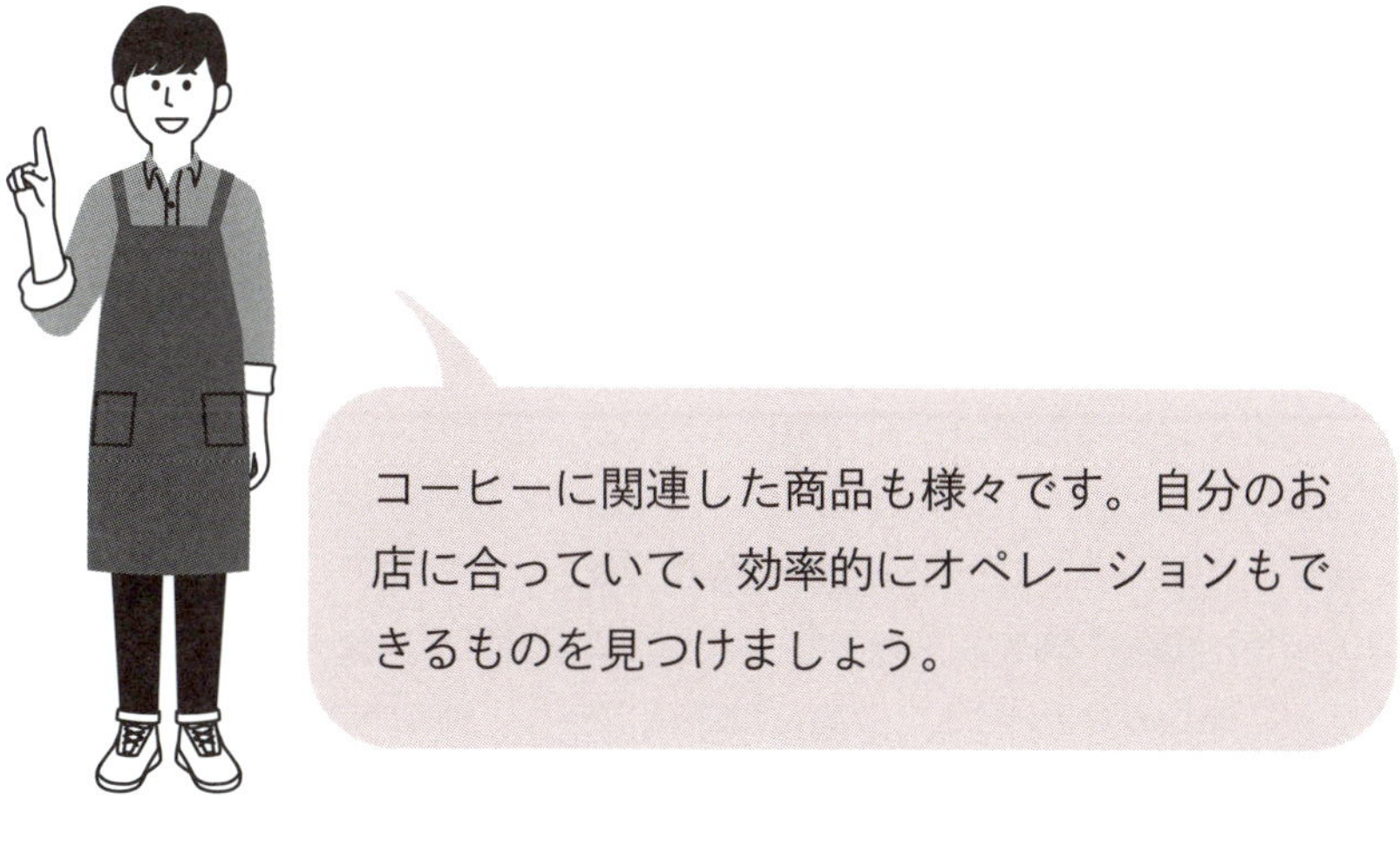
コーヒーに関連した商品も様々です。自分のお店に合っていて、効率的にオペレーションもできるものを見つけましょう。

Column 4 - 沖縄のコーヒー農園のお話

旅で沖縄に行ったときには、コーヒー農園をいくつか回ってみました。実際に農園訪問してみて感じたのは、沖縄産コーヒーのポテンシャルの高さでした。

有名な観光農園である、中山コーヒー園で飲んでみたところ、ブラジルのトップクラスのスペシャルティと、ほぼ遜色ない味でした。華やかでキレイな酸も感じることができました。

また、ご縁あって連れていってもらえた安里コーヒー農園。こちらでは、特別にアナエロビックを飲ませてもらえました。味わいは、上質な中米のアナエロビックそのもの。より正確に言うと、中米の上品なフローラルさとアフリカの野生みあるフルーティさの中間。ジューシィでとてもおいしかったです。みなさん、とても研究・勉強熱心でした。沖縄発であるEM菌を利用したアナエロビックもすでに試されており、ユニークな風味が出ているとか。

東京でロースターをやっていた身としては、沖縄県産コーヒーに品質までは期待していませんでした。希少価値だけで売れるからです。しかし、これが覆りました。現地の方の、品質に対するこだわりは尋常ではなかったです。これは期待できそう、と思いました。

ゲイシャの栽培もトライはされているようで、今後以下の点を満たすコーヒーが生産される可能性も大いにあるということです。

☑沖縄産　☑ゲイシャ種　☑アナエロビック製法

品質まで期待できるとなると、もしかしたら「オキナワコーヒー」がブランド化するかもしれません。「ハワイコナ」のように。

台風やサビ病が来る可能性など、まだまだ問題はたくさんあるとは思います。ですが、今後間違いなく沖縄産コーヒーは盛り上がっていくと、私は確信しました。

ぜひ一度、沖縄のコーヒー農園を訪れてみてはいかがでしょうか？ 「濃密なコーヒー農園体験をしたい！」という方には安里コーヒー農園を、「観光をメインに楽しみたい！」という方には中山コーヒー園をおすすめします。距離はそれほど離れていないので、両園を訪問するのもおすすめです。

Chapter

10

プライス・メニュー・掲示物・POP・販促物の作り方、コツ

Chapter 10-1

お店に必要なクリエイティブとは

コーヒーショップを1店舗立ち上げるには、膨大な数のクリエイティブが発生します。プライスカード・ラベル・パッケージのデザイン・POP・メニューボードなどです。

細かいものまで含めると、**製作物の数は1店舗あたり300〜500くらい**になるかと思います。**開業準備作業で一番時間がかかる部分なので、計画的にコツコツ進める必要があります。**

それではまず、お店全体でどれだけのクリエイティブが必要なのか。全体を把握してみましょう。

【お店の運営関連】

- ロゴ
- お店の看板
- メニューボード
- ショップカード
- ポイントカード
- オープンの案内ポスター
- コーヒー豆の買い方
- 焙煎レベルの見方
- コーヒー豆の挽き目の説明
- お店公式SNSの案内
- Wi-FiのPOP

【ドリンク・フード関連】

- ドリンクメニュー表
- テイクアウトカップデザイン
- スイーツ・フードのパッケージデザイン
- スイーツ・フードの食品表示ラベル
- スイーツ・フードのプライスカード

【コーヒー豆・ドリップバッグ関連】

- コーヒー豆・ドリップバッグのパッケージデザイン
- コーヒー豆・ドリップバッグの食品表示ラベル
- コーヒー豆・ドリップバッグのプライスカード
- 各コーヒー豆の商材情報ＰＯＰ
- ギフト商材のパッケージデザイン
- ギフト商材のプライスカード
- 手さげ袋デザイン

コーヒー豆を20種類販売するとなると、プライスカードなどは当然20種類作成することになります。ドリップバッグを含めると、それだけで計40種類。それに食品表示ラベルも加わると、合わせて80種類です（ただし、食品表示ラベルは省略することも可能です）。

そう考えると、なかなかの作業ボリュームということがお分かりいただけるのではないでしょうか？

Chapter 10-2

クリエイティブで使用するツール

最近はツールの進化がめざましく、デザイン初心者でも簡単に作ることができるようになりました。以前使用されていた、画像加工ツールのPhotoshopやイラスト作成ツールのIllustratorなどは、もはや不要です。

スマートフォンのカメラと、画像加工アプリがあれば誰でも作れます。直感的な操作ができますので、特に人に習う必要もなく、使っているうちにすぐに慣れます。

画像加工アプリは、**Canva**が優秀です。無料の素材も豊富で、コーヒー関連のイラストや写真も無限にあります。テンプレートも豊富です。**メニューやプライスカードのテンプレートもありますので、文字や画像を差し替えるだけで、セミプロレベルのクリエイティブが完成します。**

また、InstagramなどのＳＮＳへの投稿画像作成も、Canvaでできます。通常の投稿やリール動画などのテンプレートもあり、アカウントを連携すればそのまま投稿することもできます。

シールやラベルの作成は、基本的には**「ラベル屋さん」**を使うと安価に作成ができます。ラベル屋さんはシールの台紙の種類が豊富で、家電量販店などで購入できます。そして、**そのサイト上でシールのデザインを編集することがで**

き、家庭のプリンタでプリントすることができます。

サイズにもよりますが、1枚あたり2円以下で作ることができます。もし、**綺麗な印刷でプロレベルのラベルが作りたいときには、ラクスルやプリントパックのシール印刷サービスを利用すると良いでしょう。**

かっちりしたプライスカードやPOPを作りたい場合には、ラミネーターと紙の裁断機を購入すると良いでしょう。

Canvaでプライスカードを作ってプリントアウトし、それをラミネートでコーティングします。それを裁断機を使って綺麗にカットします。すると、チェーン店で掲示されているようなクオリティのプライスカードやPOPを作ることができます。

A3を超えるサイズの掲示物やポスターについては、アクセアやキンコーズなど、町の印刷屋を利用します。こちらもCanvaでデータを作り、それぞれのお店のサイトで入稿し、サイズを指定するだけです。とても簡単に作ることができます。ちなみに、ラミネート加工も頼むことができます。

CANVA

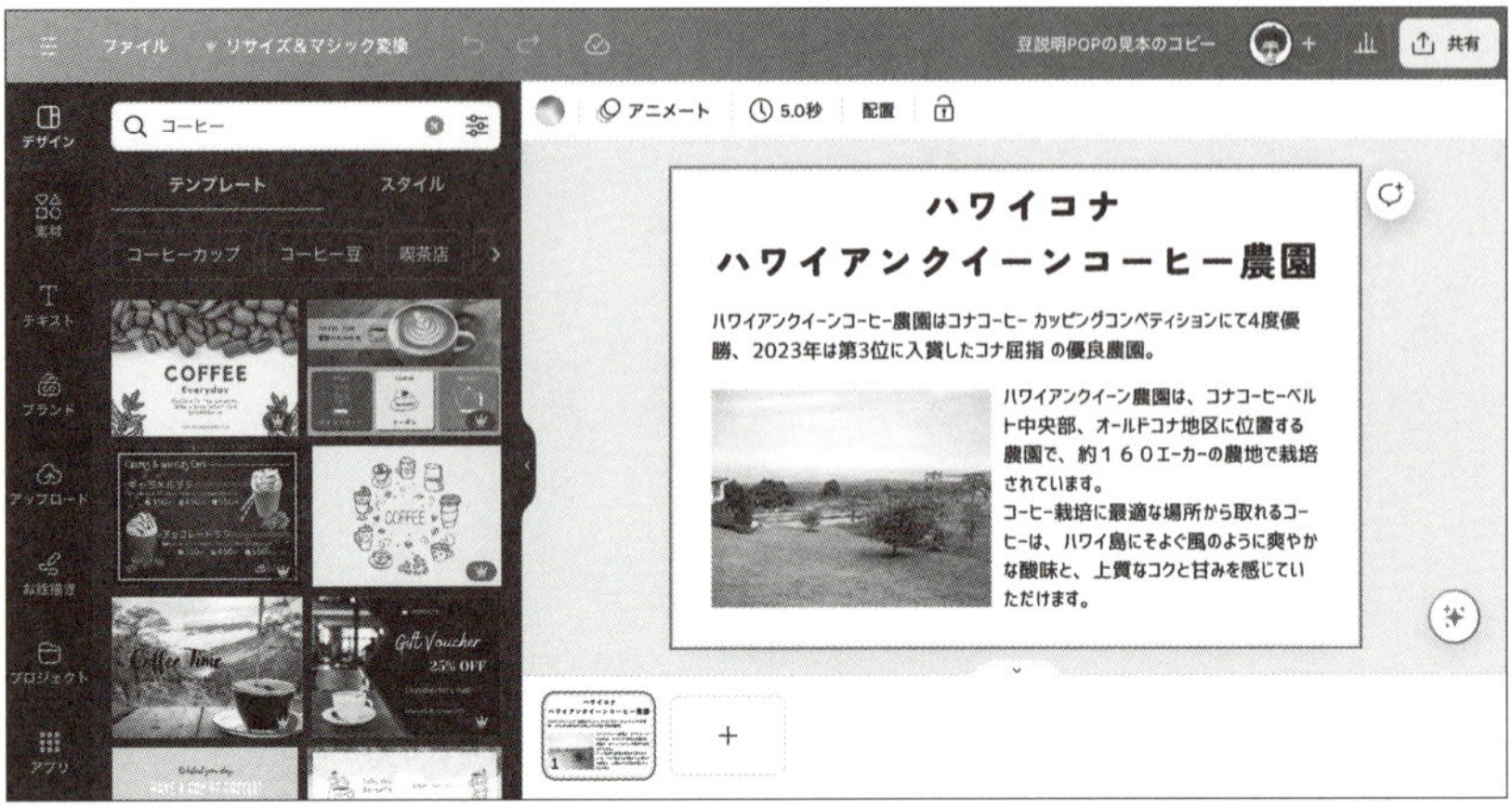

CANVAはテンプレートや素材が豊富で、メニューやプライスカードのほかに、InstagramなどのSNSへの投稿画像も作ることができます。

スマートフォンとアプリを使えば、デザイン初心者でもお店で使えるクリエイティブを作れます。必要に応じて印刷サービスも利用しましょう。

Chapter 10-3

デザインセンスより分かりやすさを重視しよう

コーヒーショップのクリエイティブに関してやりがちな誤りは、分かりにくい掲示物を作ってしまうことです。**分かりやすさを担保しながら、かっこいいものを作ることは難易度がとても高いです。**

そこで、多くのコーヒーショップは「かっこいい」を優先してしまいがちです。そして、かっこいいデザインを重視するあまりに読みにくかったり。コーヒーの品質を伝えようとしすぎて文章が長くて、そもそも読む気が起こらないようなものだったり。

しかしクリエイティブはお客様に伝えてナンボのものです。まずは読みやすさ、分かりやすさを追求するのが鉄則です。

例えばコーヒー豆の販売について考えてみます。専門店としてコーヒー豆のラインナップ数を多くすることは良いことですが、しかしお客様にとって選ぶ作業がしんどくなるというデメリットがあります。そのときに、コーヒー豆の説明文が冗長なもので、それがズラッと並んでいる様子を想像してみてください。とても読む気にならないと思いませんか？

長い文章を並べてそれを読んで判断してください、というのは、売り手としてはあまりにも怠慢な姿勢です。**プライスカードや掲示物は、お客様が商品を選ぶ手助けをするものでなくてはなりません。**

そのためには、**ひと目で直感的に理解できる、**

見る人にとって優しいクリエイティブ作成を意識する必要があります。**文章は短く、簡潔に。伝えることに優先順位をつけ、取捨選択する。イラストや写真、チャート表、色なども駆使して、直感的に伝わるように。**チェーン展開するまで成功しているショップの多くは、これらを意識しています。**逆に言えば、このようにお客様に寄り添える姿勢があるからこそ、成功していると言えます。**

「コーヒーショップは儲からない」なんて言うショップのマスターは、この姿勢に欠ける傾向があります。そんなお店にかぎって、かっこいい内装やクリエイティブの追求に明け暮れていたりします。

分かりやすさを担保した上でかっこよさを追求するのはとても良いことです。優先すべきは「分かりやすさ」。その次に「かっこよさ」です。

分かりにくいプライスカード例

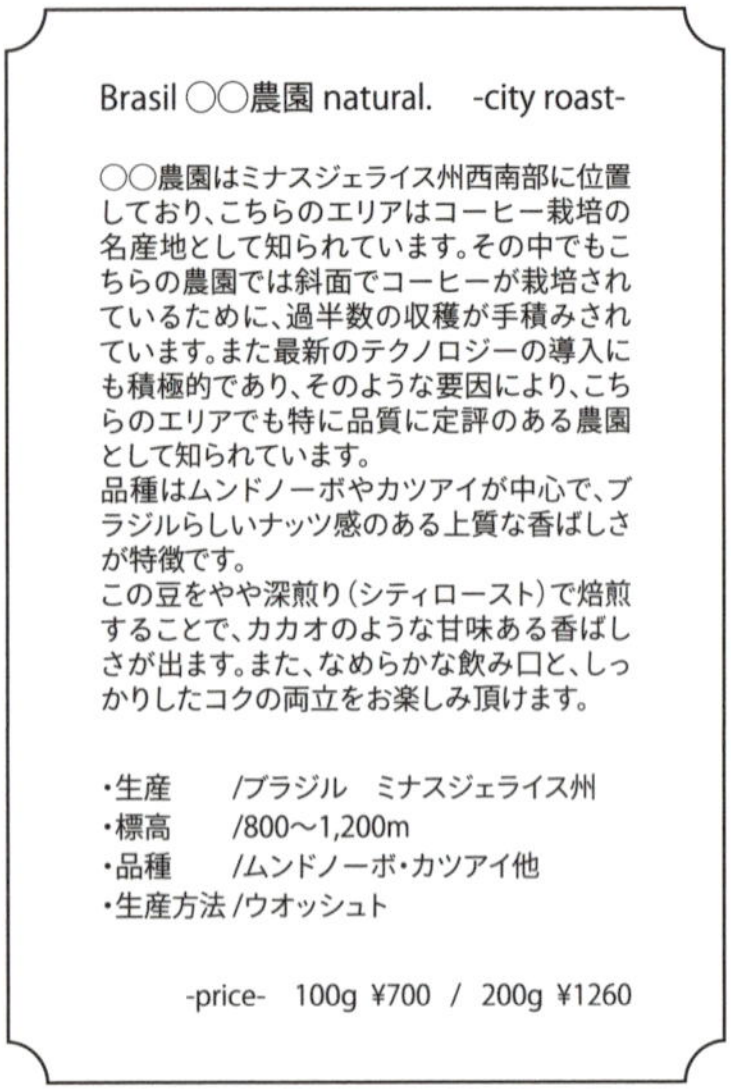
Brasil ○○農園 natural. -city roast-
○○農園はミナスジェライス州西南部に位置しており、こちらのエリアはコーヒー栽培の名産地として知られています。その中でもこちらの農園では斜面でコーヒーが栽培されているために、過半数の収穫が手積みされています。また最新のテクノロジーの導入にも積極的であり、そのような要因により、こちらのエリアでも特に品質に定評のある農園として知られています。
品種はムンドノーボやカツアイが中心で、ブラジルらしいナッツ感のある上質な香ばしさが特徴です。
この豆をやや深煎り（シティロースト）で焙煎することで、カカオのような甘味ある香ばしさが出ます。また、なめらかな飲み口と、しっかりしたコクの両立をお楽しみ頂けます。
・生産 /ブラジル ミナスジェライス州
・標高 /800～1,200m
・品種 /ムンドノーボ・カツアイ他
・生産方法 /ウオッシュト
-price- 100g ¥700 / 200g ¥1260

分かりやすいプライスカード例

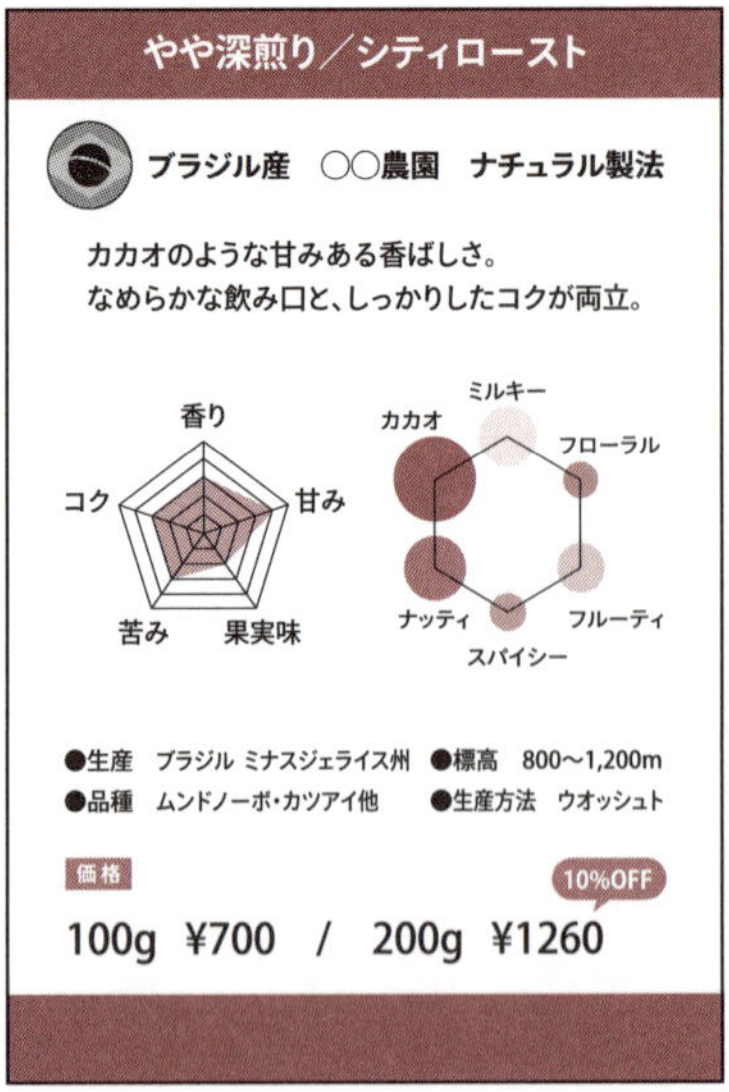
やや深煎り／シティロースト
ブラジル産 ○○農園 ナチュラル製法
カカオのような甘みある香ばしさ。
なめらかな飲み口と、しっかりしたコクが両立。
香り
甘み
果実味
苦み
コク
ミルキー
フローラル
フルーティ
スパイシー
ナッティ
カカオ
●生産 ブラジル ミナスジェライス州
●標高 800～1,200m
●品種 ムンドノーボ・カツアイ他
●生産方法 ウオッシュト
価格
10%OFF
100g ¥700 / 200g ¥1260

Chapter 10-4

コーヒーのプライスカードの作り方

自家焙煎コーヒーショップでもっとも大切なクリエイティブといえば、ドリンクのメニュー表とコーヒー豆のプライスカードです。 ドリンクのメニュー表は大手のチェーン店が見事なものを作っていますので、それを真似すれば済む話です。そこでここでは、コーヒー豆のプライスカードの作り方を解説します。

コーヒー豆のプライスカードを構成する要素で、多くのショップに共通しているものは以下のものになります。

- 豆の名前
- 価格
- 生産国
- 焙煎レベル
- 風味の説明
- 生産の詳細情報（生産エリア・生産者・品種・標高・精製方法）

これらは専門店として、最低限必要な情報と言えるでしょう。ただし、生産の詳細情報はお客様にとってあまり重要でありませんので、省略することもできます。

また、記載のないショップもありますが、なるべくあると良いものは以下のものです。

- 味覚チャート
- 色やイラストでの表現
- キャッチコピー
- ボリュームディスカウントの表示

・英語表記

これらはより分かりやすく伝えるために必要なものです。

コーヒー豆販売のプライスカードは、各ショップとも力が入るところです。この豆がいかに高品質か、どれだけのこだわりを持って生産されているのか、アピールする場でもあります。

それだけに文字情報が多くなりがちで、多くのショップが失敗しているポイントです。**やはり、プライスカードもビジュアルで伝えることが大切です。**

例えば、風味の説明を文章で説明するのは当然ですが、そこにチャート表などを添えてあげると親切です。**お客様は文章ではなく、まずはチャート表を見る傾向があります。**色も、例えば深煎りだと濃い色を使って、浅煎りでは淡い色を使ったり。レモンっぽい風味のコーヒーであれば、レモンのイラストを添えたり。風味の文章も長くなると読まれませんが、キャッチコピーにしてギュッと詰めると読んでもらえたり。**このように、分かりやすさを追求することはとても重要です。**

専門店として、コーヒー豆の品質にこだわり、ラインナップを充実させるのであれば、なおさらです。**多くの情報を、分かりやすく効率的に伝える工夫**をしないと、とても伝えきれないからです。**豆のプロファイル情報（産地や農園、標高や精製方法など）をプライスカードに詳しく書き込むお店も多いですが、これも控えた方が無難です。**

お客様にとって、多くの種類があるコーヒー豆の中から自分に合ったものを選ぶという作業は、なかなかしんどいものです。そこに情報量がやたら多いプライスカードが掲示されているとなると、いちいち読む気にはなれません。

プライスカードは最小限の情報にして分かりやすく、が基本。プロファイル情報の多くはプライスカードとは別で掲示して、「購入の最終判断を後押しする機能」と割り切っても良いのではないかと思います。

また、最近は外国人観光客も多くなり、インバウンド需要の売上が重要になってきました。

そのため、都市部や観光地では英語表記もマストになってきています。

コーヒー豆販売のプライスカード例

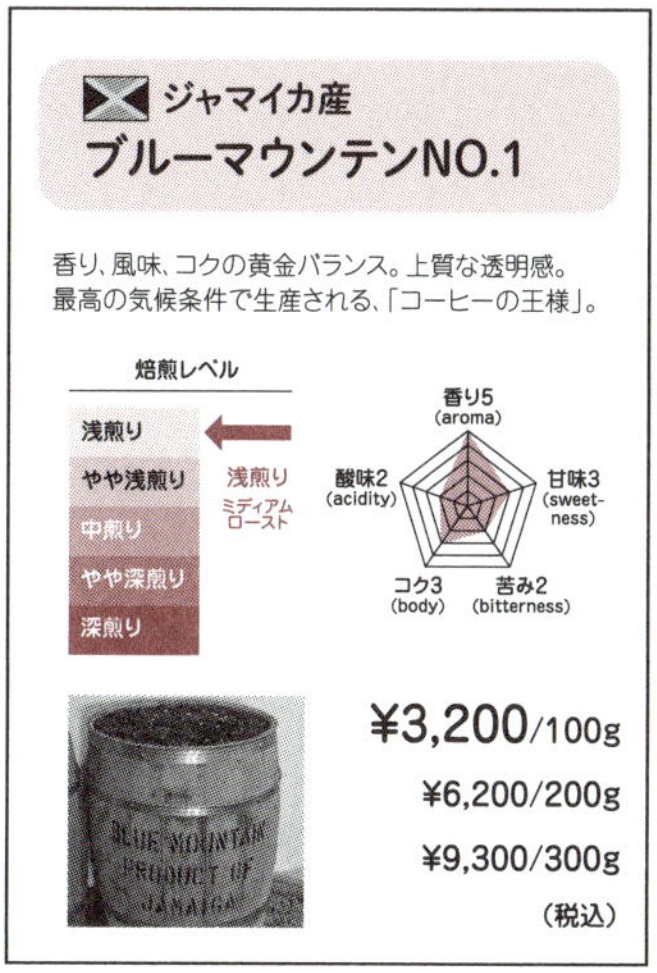

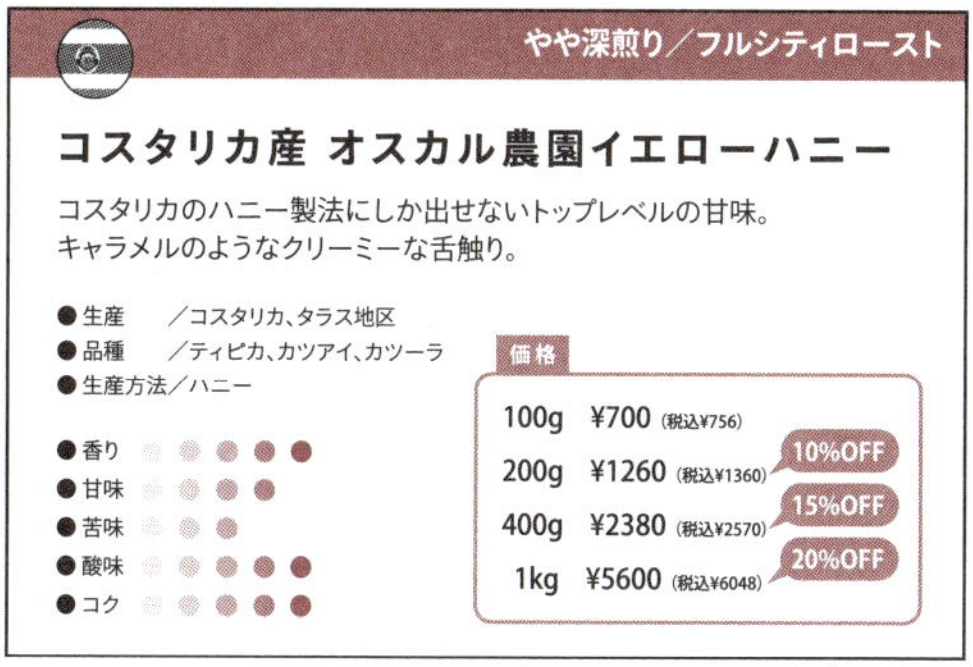

色、チャート表、イラスト、画像などを使い、
分かりやすく伝える。
文章はできる限り簡潔に。

Chapter
10-5

デザインの基本を押さえよう

パッケージデザインやプライスカードなどのクリエイティブを作ると、初心者はどうしても野暮ったいデザインになります。しかし、いくつかのポイントを意識するだけで、プロレベルとまではいきませんが、それなりに見えるデザインを作ることができるようになります。

そのポイントを５つにまとめてみました。

- マージンを意識する
- グリッドを意識し、配置を揃える
- 配色数は少なく、色のトーンも揃える
- フォントの種類も少なく、シンプルなもので
- 見出しは太字、地の文は細字

マージンによる印象の変化を意識する

マージンが小さい（版面が広い）

→「にぎやか」「楽しい」印象に

マージンが大きい（版面が狭い）

→「静か」「落ち着いた」「高級感」などの印象に

・マージンを意識する

空白をどうやって使うかは、印象を大きく左右します。**背景以外の文字や画像などのデザインは、必ず周辺にマージンを設けるようにします。**上下左右それぞれで、**マージンの幅は均等**にすることが無難です。空白が多いほど高級感が出て、少ないとにぎやかな印象になります。

グリッドを意識する

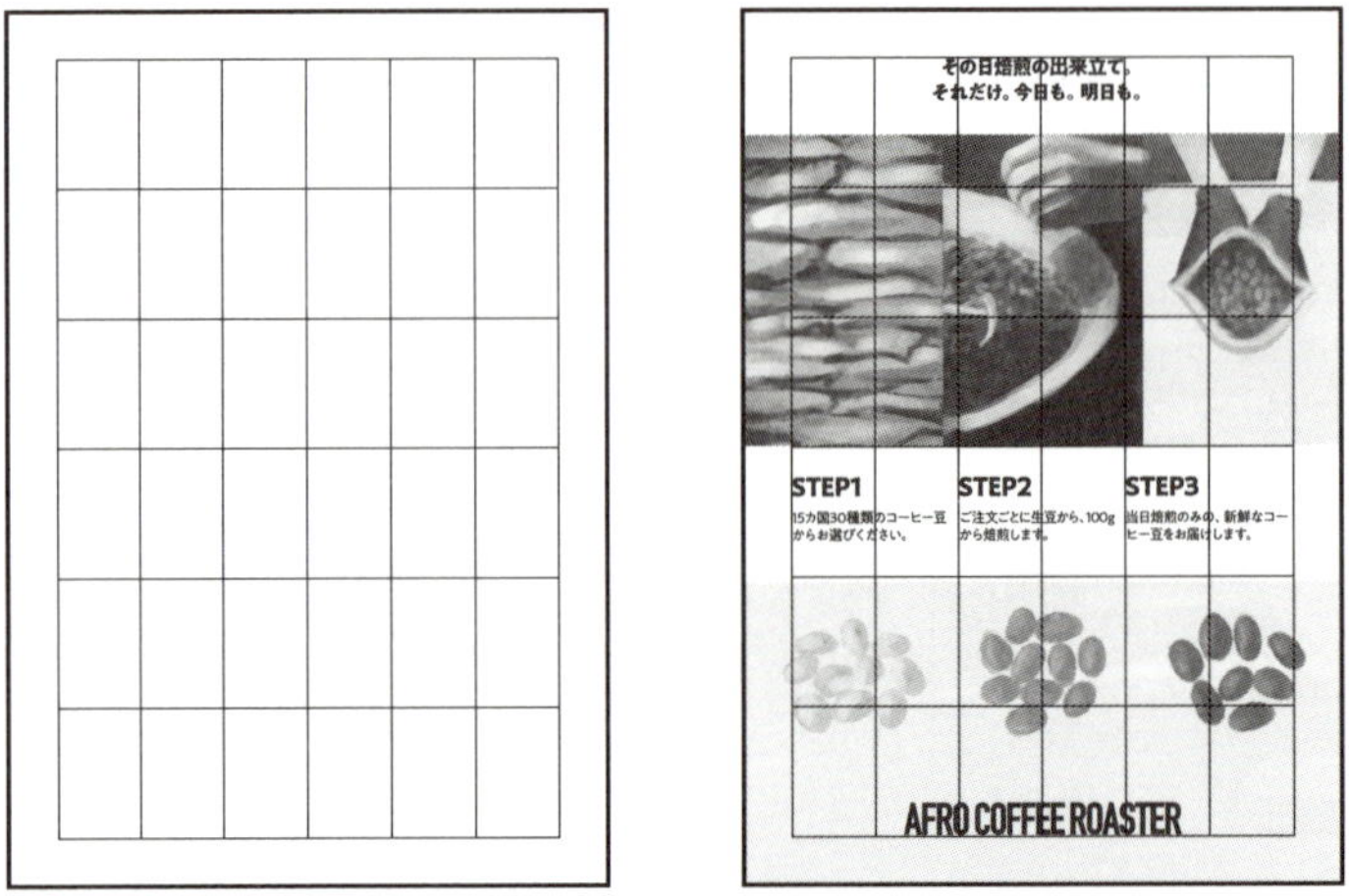

要素ごとにまとめて、ズレのないように配置する。

・グリッドを意識し、配置を揃える

文字や画像などで配置する位置にズレがあると、一気に素人臭くなってしまいます。そこで、**デザインする領域をグリッドに分割して、各要素の縦横のズレがないように配置していきます。**重要なものは大きく、各要素をまとめて、などの分かりやすさも意識して配置します。

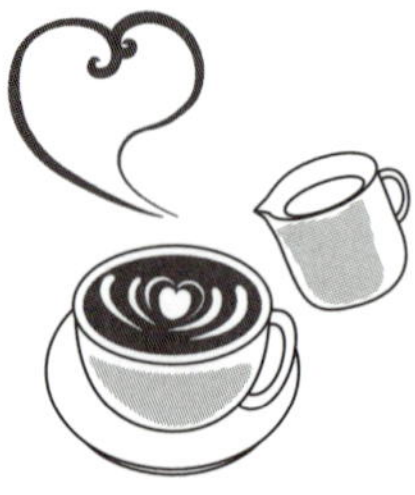

色のトーンを理解する

トーンとは？

明度と彩度、つまり色調のこと。

明度は単純に色の明るさ。
この表では右になるほど明るくなる。

彩度は鮮やかさ。
上になるほど純色に近く、
最も彩度が高い。

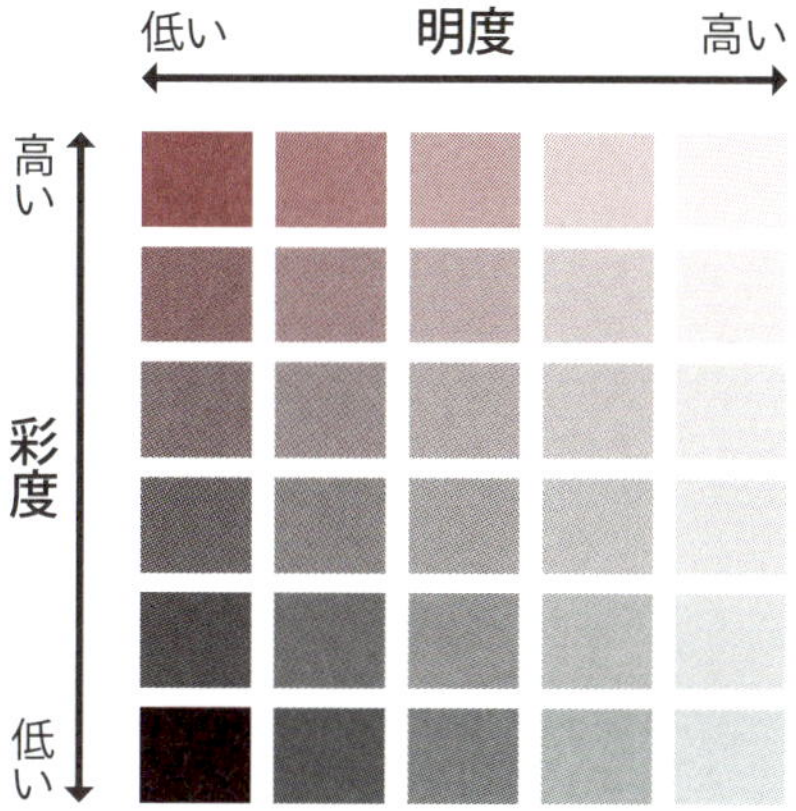

同じトーンで揃える

複数の色を同時に使うときは、
明度と彩度が同じものを使用する。

・配色数は少なく、できれば色のトーンも揃える

配色は難しいので、少ない色数にとどめることが初心者向けのコツとなります。2〜3色程度の色使いに抑えると、まとまりのあるデザインになります。

　トーンを揃えるのも意識した方が良いです。トーンとは明度と彩度を表したもの、つまり色の鮮やかさと明るさの度合いです。異なる色を使うにしろ、トーンを揃えるとより洗練された印象になります。

・フォント数も少なく、シンプルなもので

フォント選びも重要です。**基本はシンプルなフォントを使い、デザイン性の高過ぎるフォントは避けた方が無難です。**フォントの種類も少なめにし、1~2種類の使用で十分です。また、アルファベットを書くときには英文フォントを使用した方が、文字のバランスが良くなります。

・見出しは太字、地の文は細字

見出しには太字フォント、地の文には細めのフォントが基本ですが、どちらかに統一しても構いません。

以上、たった5つのポイントですが、使いこなせばセミプロレベルのクリエイティブはできるようになります。ただし、最初から全部を意識することは難しいかもしれません。**まずは数をこなしてみて、その中でデザインに迷うことがあれば、これらのポイントを振り返ってみてください。**

Chapter

11

コーヒービジネスの法律関連

（資格・届出・食品表示・賞味期限など）

Chapter 11-1

コーヒーショップ開業に関わる法律

コーヒーショップを立ち上げ、経営していく中では、色々な法律が関わってきます。食品衛生関連から、焙煎店であるならば消防法まで。多岐にわたるので、一つ一つ調べるのは手間がかかります。また、**関連する法律や決まりごとは変わっていくものなので、継続的に勉強する必要があります。**

そこで、このChapterでは現状で必要とされるものをまとめてみました。地域によって差があったり、今後変更となったりすることも多いかと思いますので、あくまで参考までにお読みください。そして、**開業にあたっては各々の役所に実際に確認するようにお願いします。**

コーヒーショップ開業に必要な許可や届出は、地域差や変更も多いです。ご自身に必要なものは、役所で確認してみてくださいね。

Chapter 11-2

コーヒーショップ開業に必要な資格

通常、コーヒーショップの開業に必要な資格はただ一つ。「食品衛生責任者」です。その他は、特に必要なものはありません。

ただし、入居するテナントの建物の規模やエリアによっては、防火管理者の資格が求められる場合もあります。建物が大きかったりすると、防災に関する知識を持つ人がテナントごとに1名常駐する必要があったりするからです。

ただ、**この資格は開業後での取得でも間に合いますので、事前に準備しなくても大丈夫です。**

コーヒー関連の資格は、あった方がいいのか？　と思う方も多いかもしれません。コーヒーの資格は、全て民間ですが多くの資格が存在します。

・コーヒーインストラクター検定
・コーヒー鑑定士
・Qグレーダー
・コーヒーマイスター
・ＪＢＡバリスタライセンス

などなど、他にもあります。

ただ、これらの資格は開業にあたって必要なものではありませんし、**その資格があるから商売にプラスになるかと言えば、かなり微妙なところです。**

確かに「お金をかけてでもコーヒーのことを効率的に勉強したい！」というのであれば、これらの資格に挑戦することはとても良いと思います。**しかし、「開業を成功させたい！」という理由でコーヒー関連の資格取得に励むのは、少しピントがズレています。**

自信のなさや不安から資格を取得したくなる気持ちはよく分かりますが、売上を作るにあたって必要なのはコーヒーの知識やスキルではありません。実際に開業してみるとよく分かるかと思いますが、コーヒーのマニアックな知識やスキルをお客様から求められることなんてありません。

コーヒーの知識やスキルは基礎的なものだけで十分ですし、独学で十分です。**それ以上のことを勉強するのであれば、マーケティングや他店の成功事例をリサーチすることなどに労力を費やす方が、売上作りにおいては効果が高いです。**

この業界には資格ビジネスの養分となっている人が多いです。**不安に煽られて漠然と資格取得に向かうのではなく、その資格を取得する目的は何なのか？　その目的にとって、本当に資格取得は効果的なのか？　一度立ち止まって考えてみることをおすすめします。**

Chapter
11-3

コーヒーショップ開業に必要な許可・届出

開業に必要な許可や届出も、とてもシンプルで2つだけです。**「飲食店営業許可」と「コーヒー製造・加工の届出」です。**

ドリンクなどを提供するお店をやるためには「飲食店営業許可」が必要になります。また、コーヒー豆を焙煎したり、挽いたり、店内で加工するようであれば、「コーヒー製造・加工の届出」が必要です。

この2つは同じ申請用紙の中で同時に申請できますので、両方の申請をするのが一般的です。そして、それぞれの申請に「食品衛生責任者」が1名必要になります。 ただし、1名の資格保持者が両方の申請を兼任しても構いません。

飲食店営業許可証で許されるサービスの範囲は多岐にわたり、調理を含むもの、食事やスイーツ、お酒の提供、ソフトクリームの販売など一通りのことができます（ただし、その場で飲食することが前提ですので、栓を抜いていないお酒の物販はできません）。

菓子製造業とか、清涼飲料水製造業、アイスクリーム類製造業、一般酒類小売業免許などは、不要です。

ただしそれぞれの許可や免許には、飲食店営業許可がカバーしていない役割があります。 例えば、菓子製造業を取得すると個包装でお店以外の場所でも販売できたり、アイスクリーム類

※この申請書に店内のレイアウト図を添付して申請する。

【許可のみ】

申請者・届出者情報	法第55条第2項関係		該当には☑
	(1)	食品衛生法又は同法に基づく処分に違反して刑に処せられ、その執行を終わり、又は執行を受けることがなくなつた日から起算して2年を経過していないこと。	□
	(2)	食品衛生法第59条から第61条までの規定により許可を取り消され、その取消しの日から起算して2年を経過していないこと。	□
	(3)	法人であつて、その業務を行う役員のうちに(1)(2)のいずれかに該当する者があるもの	□

営業施設情報	食品衛生法施行令第13条に規定する食品又は添加物の別	□①全粉乳（容量が1,400グラム以下である缶に収められたもの） □②加糖粉乳　□⑤魚肉ハム　□⑧食用油脂（脱色又は脱臭の過程を経て製造されるもの） □③調製粉乳　□⑥魚肉ソーセージ　□⑨マーガリン　□⑪添加物（法第13条第１項の規定により規格が定められたもの） □④食肉製品　□⑦放射線照射食品　□⑩ショートニング		
	(ふりがな) 食品衛生管理者の氏名　※「食品衛生管理者選任（変更）届」も別途必要		資格の種類 受講した講習会	講習会名称　年　月　日
	使用水の種類 ①　水道水（☑水道水　□専用水道　□簡易専用水道） ②　□　①以外の飲用に適する水		自動車登録番号　※自動車において調理をする営業の場合	

業種に応じた情報	飲食店のうち簡易飲食店営業の施設	□	生食用食肉の加工又は調理を行う施設	□
	ふぐの処理を行う施設			□
	(ふりがな) ふぐ処理者氏名　※ふぐ処理する営業の場合			

コーヒーの焙煎や抽出だけで、スイーツなどの調理を一切行わない店舗の場合は該当の可能性あり。保健所に確認する。

添付書類	☑　施設の構造及び設備を示す図面	□
	□　（飲用に適する水使用の場合）水質検査の結果	□
	□	□
	□	□

		許可の番号及び許可年月日	営業の種類	備考
営業許可業種	1	年　月　日	飲食店営業	
	2	年　月　日		
	3	年　月　日		
	4	年　月　日		

備考	

「飲食店営業許可」と「コーヒー製造・加工の届出」の申請書の書き方

【許可・届出共通】

○○ 年　○月　○ 日

整理番号：
※申請者、届出者による記載は不要です。

東京都○○保健所長　殿

営業許可申請書・営業届（新規、継続）

食品衛生法（第55条第１項・第57条第１項）の規定に基づき、次のとおり関係書類を提出します。

※ 以下の情報は「官民データ活用推進基本法」の目的に沿って、原則オープンデータとして公開します。
申請者又は届出者の氏名等のオープンデータに不都合がある場合は、次の欄にチェックしてください。（チェック欄 □ ）

申請者・届出者情報	郵便番号：○○○-○○○○	電話番号：○○-○○○○-○○○○	FAX番号：
	電子メールアドレス：		法人番号：
	申請者・届出者住所 ※法人にあつては、所在地 東京都○○区○○１丁目１番地１号　○○ビル 1F		
	(ふりがな) こーひー　たろう 申請者・届出者氏名 ※法人にあつては、その名称及び代表者の氏名 珈琲　太郎		(生年月日) ○○ 年　○月　○ 日生
営業施設情報	郵便番号：○○○-○○○○	電話番号：○○-○○○○-○○○○	FAX番号：
	電子メールアドレス：		
	施設の所在地 東京都○○区○○2丁目２番地２号　○○ビル 1F		
	(ふりがな) あふろ　こーひー　ろーすたー 施設の名称、屋号又は商号 AFRO COFFEE ROASTER		
	(ふりがな) こーひー　たろう 食品衛生責任者の氏名 ※合成樹脂が使用された器具又は容器包装を製造する営業者を除く。 珈琲　太郎	資格の種類 受講した講習会	食管・食監・調・製・栄・船舶・と畜・食鳥 都道府県知事等の講習会（適正と認める場合を含む。） 講習会名称　東京都　○年　○月　○日
	主として取り扱う食品、添加物、器具又は容器包装 調理食品 ―――― コーヒーだけではなくてスイーツなども提供する場合は「調理食品」で広く括る。	自由記載	
	自動販売機の型番	業態 コーヒーショップ	
	HACCPの取組	※ 引き続き営業許可を受けようとする場合に限る。 ただし、複合型そうざい製造業、複合型冷凍食品製造業の場合は、新規の場合を含む。 □ HACCPに基づく衛生管理 ☑ HACCPの考え方を取り入れた衛生管理	
業種に応じた情報	指定成分等含有食品を取り扱う施設		□
	輸出食品取扱施設 ※この申請等の情報は、国の事務に必要な限度において、輸出時の要件確認等のために使用します。		□

営業届出		営業の形態	備考
	1	コーヒー製造・加工業	
	2		
	3		

担当者	(ふりがな) こーひー　たろう 担当者氏名　珈琲　太郎	電話番号 ○○-○○○○-○○○○

製造業を取得すると色々なアイス製品を作れたり、一般種類小売業免許を取得すると栓を抜かない酒類の販売ができたり……。

必要に応じて取得すると良いですが、一般的にコーヒーショップの開業に必要となることは少ないです。

許可証などの取得方法、申請方法ですが、とても簡単です。**インターネットから申請用紙をダウンロードできます。それに必要事項を記入して、お店のレイアウト図とともに管轄の保健所に行けばOKです。**許可証であれば、後日保健所の方がお店に検査に来ます。その検査が通れば、数日後には許可証が発行されます。届出であれば、申請だけで検査はありません。

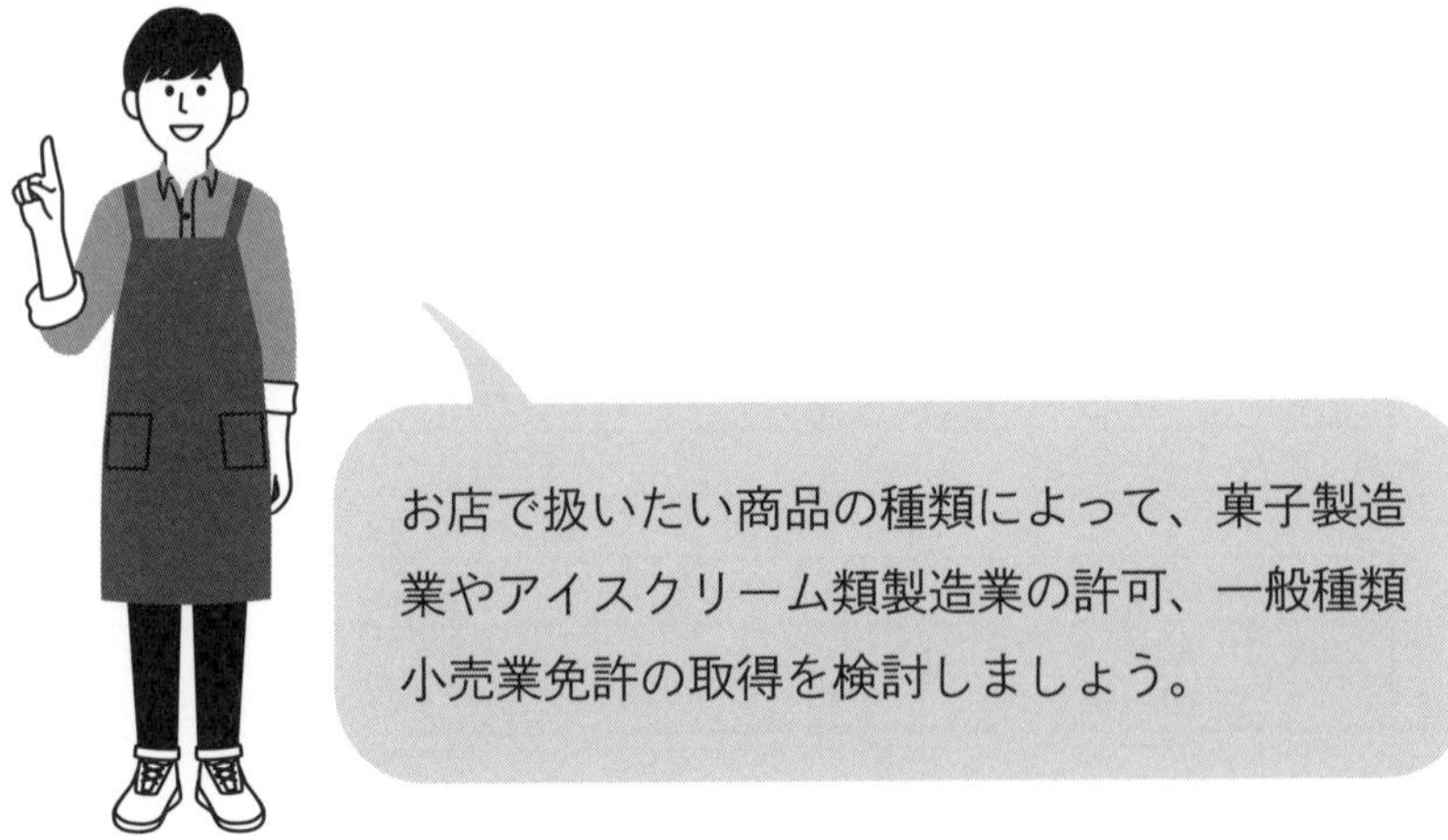
お店で扱いたい商品の種類によって、菓子製造業やアイスクリーム類製造業の許可、一般種類小売業免許の取得を検討しましょう。

Chapter 11-4

自家焙煎店開業の消防署対応

自家焙煎店でなくとも、お店の開業には最寄りの消防署に行く必要があります。

お店を出店する地域や建物によっては、「防火対象物工事開始届」や「防火対象物使用開始届」の提出が必要になることがあるからです。それの提出が必要か、まずは確認しましょう。内装工事が開始される1週間前までに、店内のレイアウト図、テナントの建物の平面図とともに、管轄の消防署へ予約した上で訪問してみてください。

焙煎機などで火器を使用する場合、また煙を排出するダクトをお店の外に出す場合には、それも消防署のチェックを受けることになります。消防法との兼ね合いで、焙煎機の周囲の防火措置や、ダクトの素材やサイズと経路がチェックされます。その上で、必要な措置を教えてくれます。

特に、ダクト回りは色々と指摘されることが多いです。ダクトの素材を指定されたり、ダクトの排出先に防火ダンパーをつけなさいと言われたり、ダクトの周囲10cm以内には可燃物を置かないように言われたり……。場合によっては、内装工事の完了後に消防署の係の方がお店に点検に来ることもあります。

実は、自家焙煎店の経営で一番怖いのが火災

のリスクです。

毎年、各地の焙煎店でボヤ騒ぎが起きています。焙煎で出るチャフが溜まり、そこに引火して……、というのがありがちなパターンです。ダクト周りが火災の原因になることもありますので、消防署から指摘されなくても防火ダンパーを設置したり、消化器を設置したり、万全の体制を取ることをお勧めします。

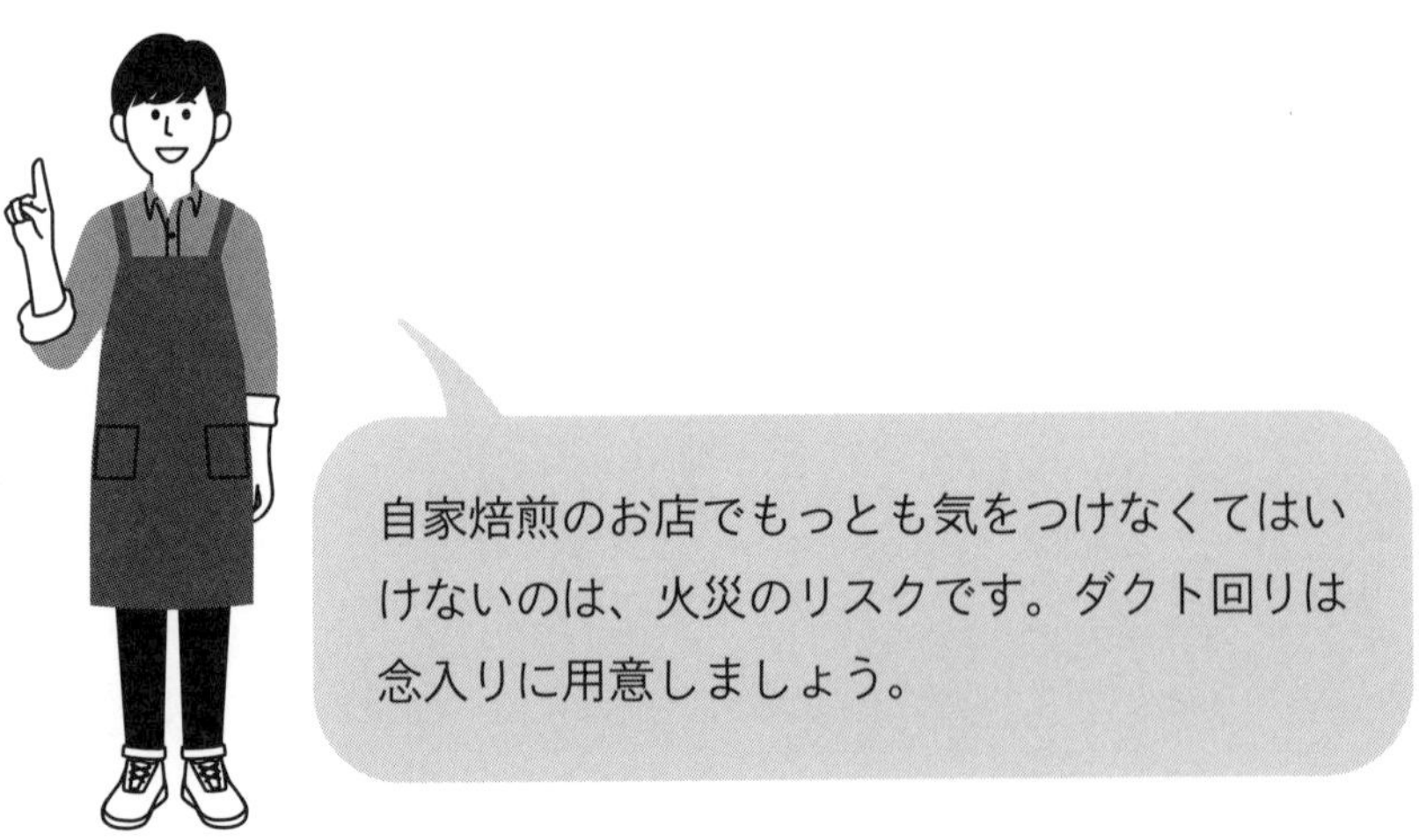
自家焙煎のお店でもっとも気をつけなくてはいけないのは、火災のリスクです。ダクト回りは念入りに用意しましょう。

焙煎機の防火対策は万全に。

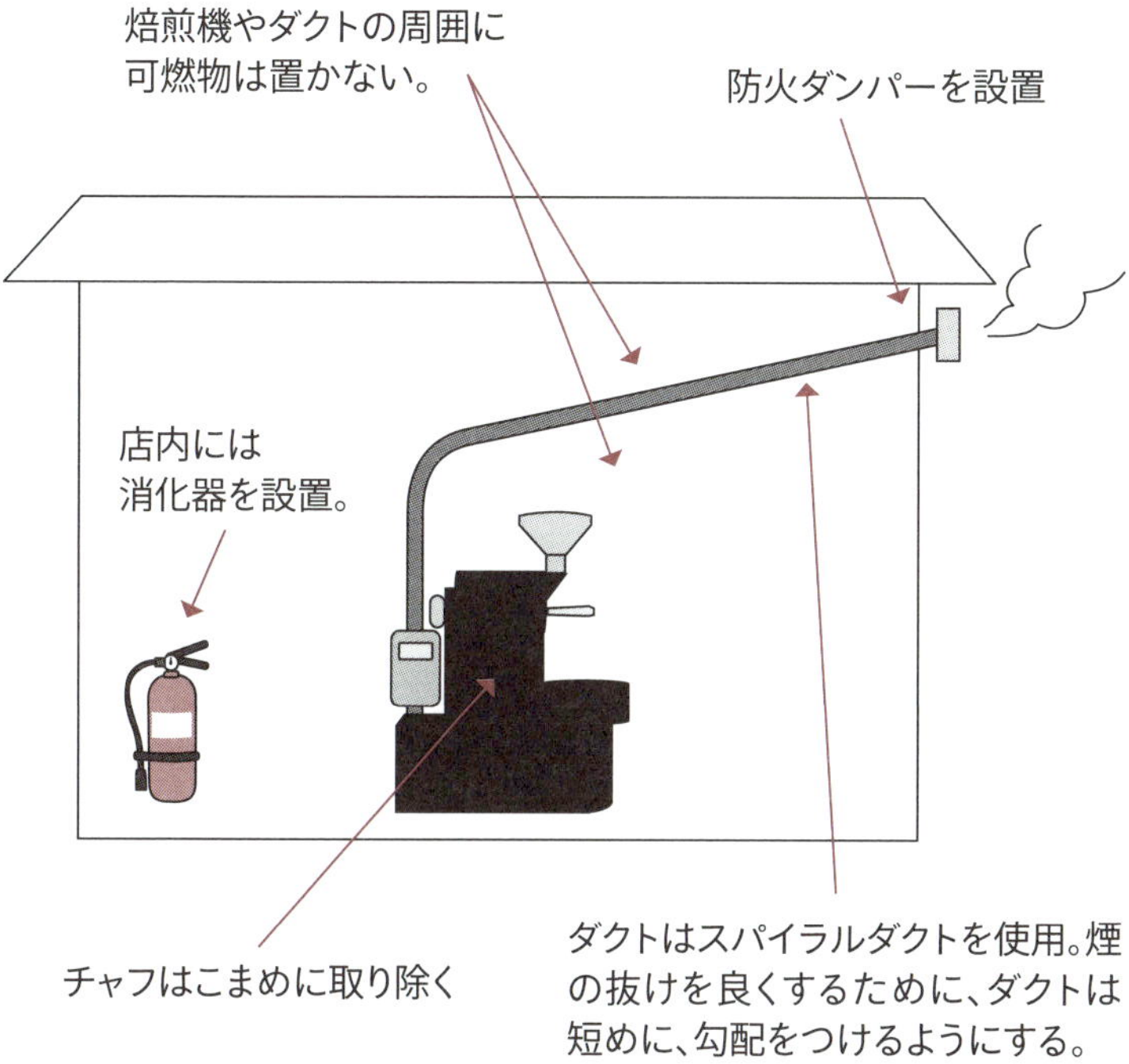
焙煎機やダクトの周囲に
可燃物は置かない。
防火ダンパーを設置
店内には
消化器を設置。
チャフはこまめに取り除く
ダクトはスパイラルダクトを使用。煙
の抜けを良くするために、ダクトは
短めに、勾配をつけるようにする。

スパイラルダクト

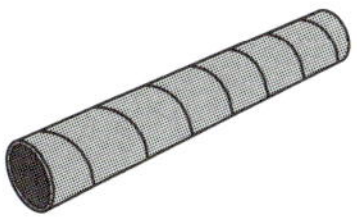

フレキシブルダクトの方が便利で安価だが、火災予防上難がある。東京都では使用禁止。スパイラルダクトを使用しなければいけない。

防火ダンパー

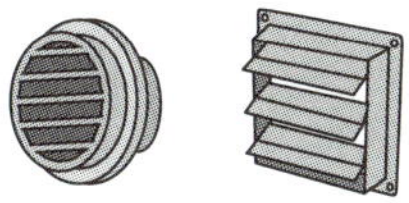

防火ダンパーとは、火災時の延焼防止や熱い空気の噴出を防ぐためのもの。一定以上の熱が加わるとヒューズが飛んで弁が閉じるようになっています。

Chapter
11-5

コーヒーの食品表示

食品表示とは、商品パッケージに記載がある商品名や原材料、賞味期限の表示のことです。これは、表示が義務づけられています。

基本的な食品表示については、「一般社団法人全国公正取引協議会連合会」が、コーヒーに関わる表示については、「全日本コーヒー公正取引協議会」が指針を出していますので、確実なことはそちらでチェックしていただければ思います。

コーヒーの食品表示の基本的な記載事項と記載例は次のとおりです。

- 名称（品名）……レギュラーコーヒー
- 原材料名……コーヒー豆
- 添加物……基本的にないので、記載なし
- 原料原産地名……ブラジル
- 内容量……gまたはkgで記載
- 消費期限／賞味期限……3ヶ月を超えるものについては年月まで。日まではいらない。
- 保存方法……直射日光を避け冷暗所で保存
- 使用上の注意……開封後はできるだけ早く使用
- 挽き方……あらかじめ挽いた豆をパッケージして販売する場合には記載（粗挽き・細挽き等）
- 製造者……名称と所在地を記載

食品表示の注意点として、大きなものが4

つあります。

①まずはブレンドの場合。**コーヒーがブレンドの場合、原料原産地名は配合する量が多い生産国順に記載します。**また、〇〇ブレンド（例えばブルーマウンテンブレンド）などコーヒーの銘柄名が入ったブレンド名にする場合、**その銘柄は30％以上配合**されなければいけません。

②次に消費期限と賞味期限の違いについて。品質が急速に劣化する食品は「消費期限」、それ以外の食品には「賞味期限」として記載します。**コーヒー豆は急速には劣化しない食品なので、「賞味期限」として記載することが一般的です。**

③**有機・オーガニックについては、基本的に表示不可です。**有機ＪＡＳ認証を受けているパッケージされた豆を無加工で販売する場合のみ、有機の表示が可能です。焙煎やグラインドなど加工を伴う場合には不可となり、多くの焙煎店はこれに該当します。ただし、**「有機栽培コーヒー豆使用」などの強調表示は可能**ですので、ＰＯＰなどでお客様にアピールすることが適当かと思います。

④最後に、食品表示の免除について。**商品を製造し加工した場所で販売する場合（多くの焙煎店がこれに該当します）、一部の食品表示は省略することができます。**これは、対面販売でお客様に口頭で説明ができるためです。

省略できる事項としては、以下があります。

- **原材料名（ただし添加物・アレルゲンは省略不可）**
- **内容量**
- **食品関連事業者の氏名又は名称及び住所**
- **原料原産地名 or 原産国名**

（栄養成分と熱量の表示については、コーヒーはそもそも免除されています）

販売形態による食品の表示義務や免除の違い

販売形態	店内で製造や調理をしないお店（パッケージ入りのまま仕入れ、そのまま販売する場合）	店内で製造や調理を行うお店で、パッケージに入れた商品を対面販売する場合	店内で製造や調理を行い、注文されてからパッケージに入れて、対面販売するお店	イートインスペースを設け、その場で飲食するお店
有機・オーガニック表示（JAS法）	表示可	表示不可	表示不可	表示不可
食品表示（食品衛生法）	表示義務あり	省略可	省略可	省略可
栄養成分カロリー表示（健康増進法）	表示義務あり（ただしコーヒーは省略可）	表示義務あり（ただしコーヒーは省略可）	省略可	省略可

コーヒーの食品表示例

アフロブレンド

名称	レギュラーコーヒー
原材料名	コーヒー豆（ブラジル・エチオピア・グアテマラ）
内容量	200g
賞味期限	2024.7
保存方法	直射日光、高温多湿を避けて保存してください。
使用上の注意	開封後はなるべく早めにお召し上がりください。
挽き方	
製造者	●●コーヒーロースター 東京都港区●−●−●

※赤字は省略可。
※鮮度を売りにするなら焙煎日の表示をする。

Chapter 11-6

コーヒー豆やドリップバッグの賞味期限の考え方

コーヒー豆の賞味期限については、「このくらいの期限が良い」という正解はありません。お店それぞれで考えて良いかと思っています。お店の焙煎のスタイルや、お客様にどのようにコーヒーを楽しんでほしいかによって、そのお店なりの賞味期限を定めていく必要があります。

原則的なことを説明すると、コーヒー豆やドリップバッグは、「レギュラーコーヒー」に分類されます。そして、レギュラーコーヒーの賞味期限については、全日本コーヒー公正取引協議会がガイドラインを定めています。

通常、コーヒーショップでは袋に入れてコーヒー豆などを販売します。その場合、コーヒー豆であれば豆か粉かに関わらず、**常温保存で12〜18ヶ月が賞味期限となります。**一般的に量販店などで売られているコーヒー豆は、12ヶ月で設定されることが多いかと思います。なお、先に説明した通り、コーヒーは消費期限ではなく賞味期限を使うのが一般的です。

しかし12ヶ月という賞味期限は、いささか長いように感じます。真空パックを使ったとしても、12ヶ月後にはさすがに風味の劣化を感じるでしょう。**そこで、お店ごとに賞味期限を考える必要が出てきます。**お店側としては当然、「新鮮なうちに飲んでいただきたい」と思うでしょう。

コーヒーの一般的な賞味期限一覧

<table>
<tr><th rowspan="2">製品区別</th><th rowspan="2" colspan="2">包装形態</th><th rowspan="2">流通温度</th><th colspan="2">賞味期間</th></tr>
<tr><th>豆</th><th>粉</th></tr>
<tr><td rowspan="5">レギュラーコーヒー</td><td>缶</td><td>通常の缶
脱酸素剤入り
ガス吸収剤入り
不活性ガス置換</td><td>常温</td><td>12〜18月</td><td>12〜18月</td></tr>
<tr><td rowspan="3">袋</td><td>真空パック
脱酸素剤入り
ガス吸収剤入り
不活性ガス置換</td><td>常温</td><td>12〜18月</td><td>12〜18月</td></tr>
<tr><td>バルブつき</td><td>常温</td><td>6〜12月</td><td>6〜12月</td></tr>
<tr><td>簡易コーヒー
カセットコーヒー
ペーパーバッグ</td><td>常温</td><td></td><td>12〜24月</td></tr>
<tr><td>瓶</td><td>脱酸素剤入り</td><td>常温</td><td>12月</td><td>12月</td></tr>
<tr><td rowspan="2">インスタントコーヒー</td><td>瓶</td><td></td><td>常温</td><td>36月</td><td></td></tr>
<tr><td>袋</td><td></td><td>常温</td><td>18〜36月</td><td></td></tr>
</table>

しかし、あまりにも短い賞味期限だと、お客様側にとって使い勝手が悪くなってしまいます。

そのバランスを考慮して設定すると良いのですが、どのくらいの品質劣化まで許容するかは、お店によって考え方が異なります。

自分自身が納得するためには、まずは、実験をしてみると良いかと思います。焙煎したコーヒー豆をパッケージに入れて保存し、３週間目、１ヶ月目、２ヶ月目、３ヶ月目、６ヶ月目と節目で試飲してみましょう。浅煎りのコーヒーは劣化しにくく、逆に深煎りは劣化が早いので、中間を取って中煎りを使用すると良いでしょう。

そこで、自分が許せる範囲の品質を保てる期限で、賞味期限を設定すれば良いかと思います。

風味の劣化をできるだけ抑えたい、というのであれば脱酸素剤を入れたり、真空パックにしたりするのもアリです。風味の劣化の一番の要因は「酸化」だからです。そのようにして、賞味期限を伸ばすこともできます。

Chapter

12

事業計画・収支例・オペレーション

Chapter
12-1

コーヒーショップのマネジメント

こちら最後のChapterでは、**開業にまつわるお金のこと、経営やマネジメント**について解説します。融資を受ける場合の書類作成などにも役立つ情報です。

実際に開業費用はいくらくらいで、どのくらい売上が立ち、どの程度儲かるのか？　ワンオペでどこまでやれるのか？　気になる方も多いかと思います。

また、コーヒーショップ経営を安定させるためのポイント、経営を軌道に乗せるにはどのくらいのエネルギーが必要かなども解説します

開業後のリアルを感じていただけるかと思います。

お金の流れや繁忙期、閑散期、売上が伸び悩んだときの対策、従業員を雇うタイミングなど、お店を経営するイメージを浮かべてみてください。

Chapter 12-2

開業にかかる費用感

コーヒーショップ開業にかかる費用は、それこそピンキリです。冒頭の事例でも紹介したように、200万円くらいでやれる場合もあれば、1，000万円を軽く超えてくる場合もあります。では、どのくらいの費用をかけるのが適正なのでしょうか？

開業費用の多くは以下の3つです。

- **テナント物件の取得費**
- **内装費**
- **設備費用**

これらは全て、抑えようと思えばいくらでも抑えることができます。逆に、こだわればこだわるほど、費用は雪だるま式に膨らみます。

開業費用が少なめなパターンでは、

- 家賃10万円以下（物件取得費100万円以下）
- 内装費は200万円以下
- 設備費用は100万円以下

このくらいであれば、運転資金含めて500万円以内でスタートすることができます。手持ち資金が少なく、また商売未経験の方であれば、このくらいからのスタートが適正かもしれません。そして、売上は最低月商100万円以上達成を目指せば良いのではないかと思います。このくらいであれば、地方だとしても十分に目指せます。

資金や商売の経験がある力のある方であれば、それぞれの金額を倍にしても良いかと思います。

家賃を抑えても集客力のある店を作るためには、小さいテナントで良い立地であることがマストです。また、内装費用を抑えるためには、テナント募集を原状回復前に発見する必要があります。つまり、**開業資金を抑えるためには、テナント探しが特に重要になります。**まずはここを頑張りましょう。

設備費用を抑えるためには、自分のこだわりを抑え、見栄を張らないことが重要かと思います。コーヒー関連の機材にこだわると、費用は青天井に膨らみます。また、同業の人やコーヒーマニアの視線を気にするあまり、良い機材を入れないと、という思いにかられがちです。

しかしお客様は、どのような機材を使っているかは気にしないし、関心もありません。そして、機材が良いから美味しいコーヒーが提供できるわけでもありません。したがって、機材が良いからといって売上が良くなる、なんてことはあり得ません。

手回し焙煎機と中古の冷蔵庫など、最低限の機材があれば開業はできます。自分の力に見合った開業資金でスタートすることは十分に可能です。

そして実践でしか商売の筋力は獲得できません。スモールスタートで早めに安全に開業し、やりながら力をつけ、儲けたお金で良い機材を買い、徐々にお店をバージョンアップさせていく。これが賢いやり方かと思います。

Chapter 12-3

コーヒーショップ運営のコスト

コーヒーショップを運営する上でのコストは、主に①原材料費（原価）、②人件費、③家賃の3つです。その他は、水道光熱費や通信費、消耗品や宣伝費などがありますが、割合としては少ないです。

①原材料費

どのようなスタイルのお店にするかによって、原価率は変わります。コーヒー豆売りに力を入れた場合の原価率は30%を切りますが、イートインでフードに注力すると原価率は上がる傾向があります。少し余裕を持って、事業計画は35%程度の原価率で計算しても良いかもしれません。

ここ数年、ずっとコーヒー生豆の価格は上がり続けています。**また開業時にはどうしても少ないロットでの購入になりますので、最初はどうしても割高になります。**

②人件費

飲食店の人件費率は30%が目安です。月商100万円のお店では30万円かかるということです。私の経験からしても、店内で焙煎や製造に取り組むタイプの自家焙煎店で、30%は適性かと感じています。**しかし、オーナーが自らお店に立つスタイルだと、その分人件費を抑えることができます。**

③家賃

出店エリアによって家賃の負担は大きく変わります。**売上の10分の1の額の家賃に抑えることが、成功の一つの目安かと思います。**家賃の10倍の売上を、開業1年後の売上の目標とすると、場合によっては良いかもしれません（テナントやお店のスタイルによるので、あくまで目安です）。

④その他の経費

その他の経費で大きなものは、電気代くらいです。冷暖房をつけたり、業務用電源を使ったりすると、小さな店舗でも4～5万円程度にはなります。普通の焙煎機を使う場合にはガス代もかかりますが、小型焙煎機であれば月に5,000円程度と少額で済みます。

他、通信費や宣伝費、消耗品代と細かいものは色々と発生しますし、また最近では電子マネーやクレジットカード決済が増えていますのでその決済手数料もかかります。**それらは合わせて数万円～10万円程度といったところかと思います。**

以上のことから、平均的なコーヒーショップのコスト感は、以下のようなイメージで良いかと思います。

①原材料費は売上の30～35％
②人件費は売上の30％
③家賃は売上の10～15％
④その他の経費は売上の5～10％

自家焙煎コーヒーショップの売上を100とすると……

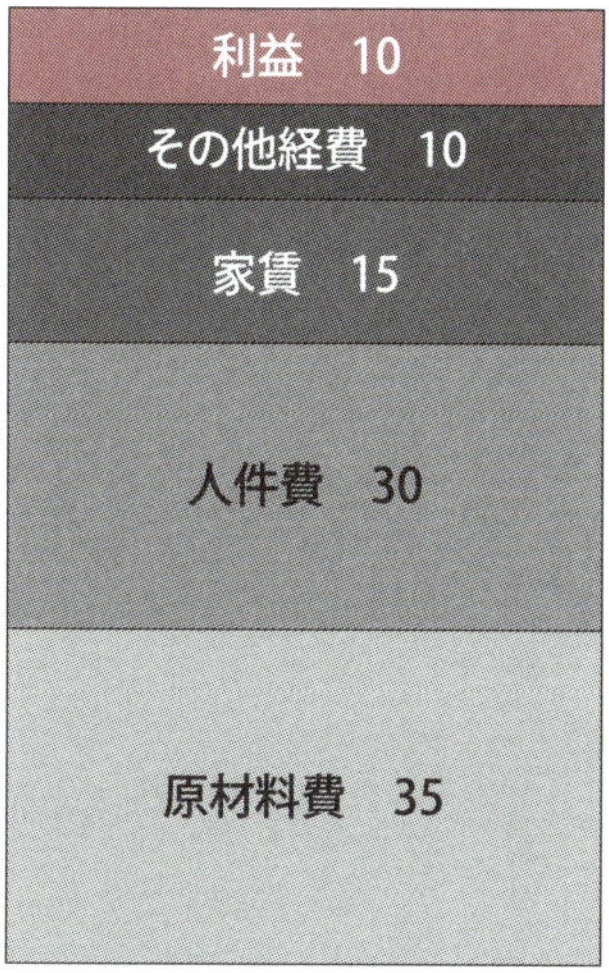

やや堅めに計算すると、このようになります。

自分のお店のスタイルに合わせて、どこにどのくらいかけるか、コストを計算してみましょう。費用を抑えられそうなところはありませんか？

Chapter 12-4

売上の推移と内訳例

売上の見込みは、立てることが非常に難しいです。お店のスタイルやエリアによって、激しく異なるからです。

自家焙煎コーヒーショップの売上の推移ですが、大きく①イートインとテイクアウト、②豆売り、③その他の売上に分けられます。

①一般的にイートインは早い段階から売上が上がりますが、早くに伸びが鈍化します。しかし、テイクアウトの伸びは長く続きます。

②コーヒー豆売りは、最初は売上がやや低く、さらに売上の伸びも穏やかです。しかし、伸びる期間が長く数年にわたります。

③物販も同じで、最初は売上が立ちにくいですが、じわじわ伸びる期間が長く続きます。

イートインの初速が速いのは、多くのお客様に価値を提供でき、しかもその価値が分かりやすいためかと思います。しかし、席数には限りがあるので売上の伸びも早くに限界を迎えます。

一方で豆売りや物販は、ある程度絞られたお客様しかターゲットとなりません。だから初速が出ないことになります。しかし、徐々に認知度が上がるとともに売上も増えていき、席数に縛られないので売上の上限もありません。

売上の内訳についてですが、お店の作りにもよりますが、**店内席を充実させるとドリンクなどイートインの売上がメイン**となります。逆に

コーヒー豆売りを中心にレイアウトされたお店では、豆売りの売上の比率が高くなる傾向があります。

ドリップバッグなどの物販の売れ行きも、店によってピンキリです。どれだけ商品数を確保して、どれだけ大きなスペースで販売するかによって、売上も大きく異なります。もし物販も頑張って注力したならば、売上の10～20％程度を占めるくらいにはなります。

平均客単価も、お店のスタイルによって異なります。コーヒー豆売りとドリンクが半々くらいの売上であれば、コーヒー豆200gとコーヒー1杯の中間くらいの単価になりがちです。

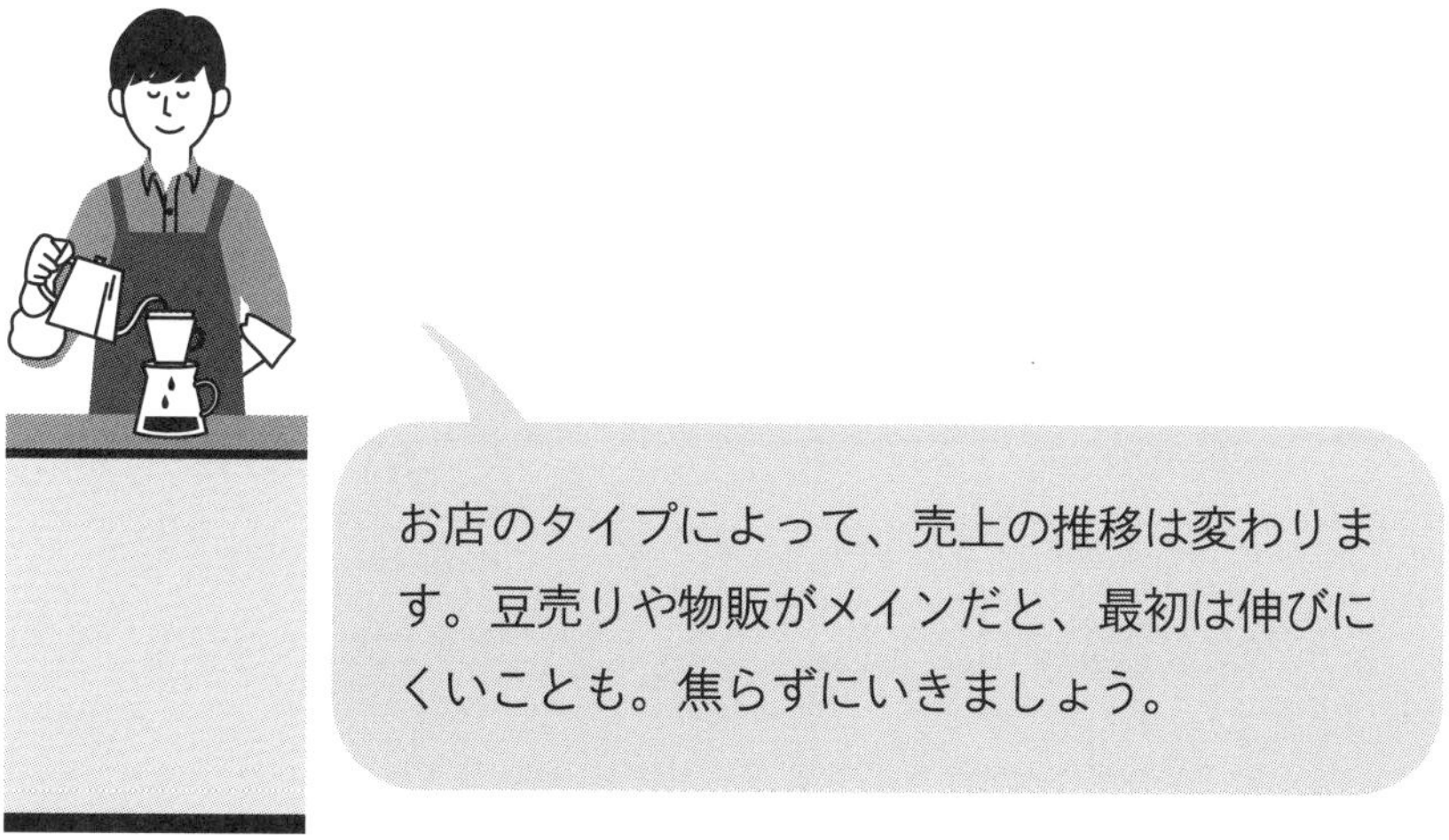
お店のタイプによって、売上の推移は変わります。豆売りや物販がメインだと、最初は伸びにくいことも。焦らずにいきましょう。

コーヒー豆売り店の売上の推移と内訳イメージ

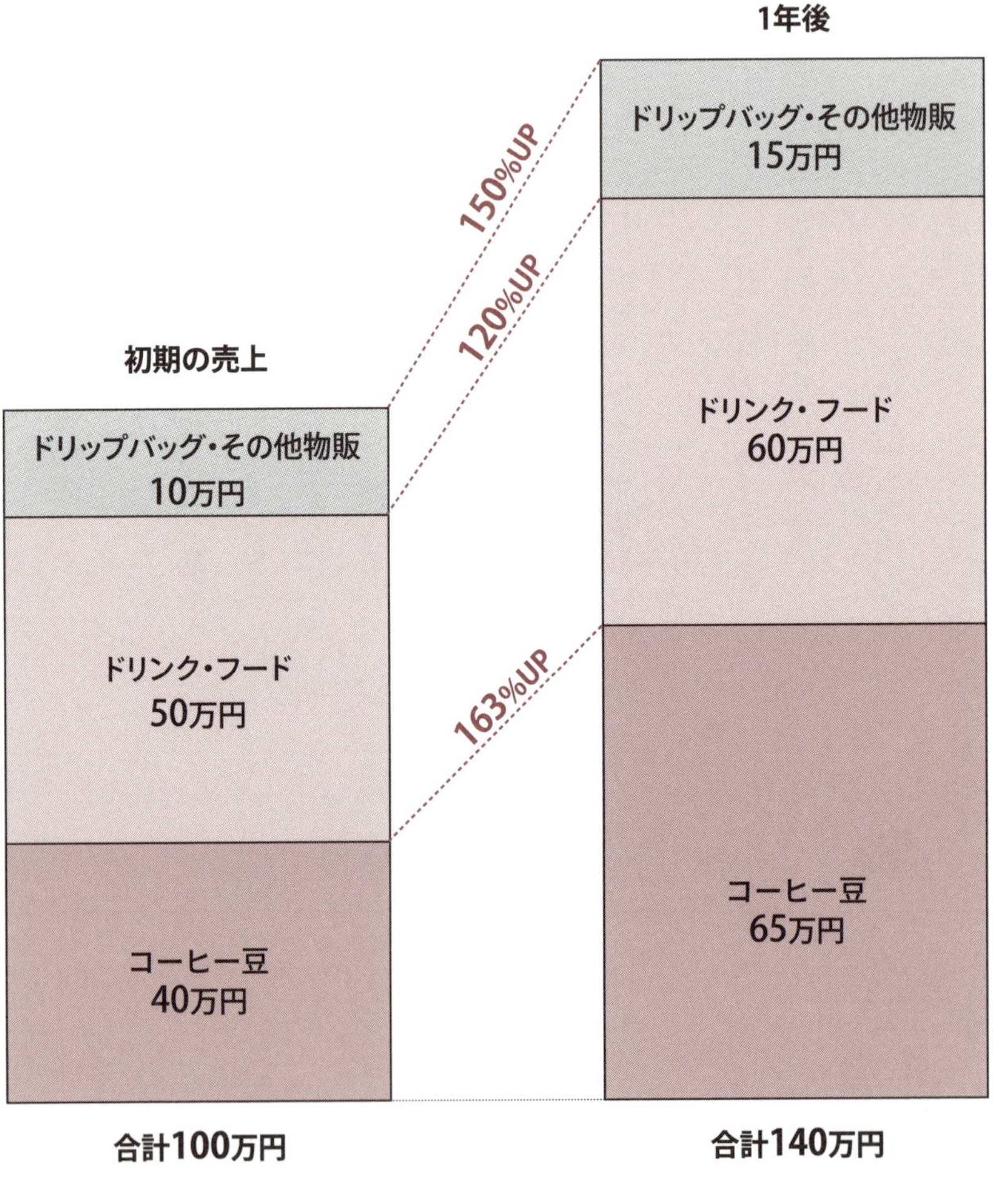

豆売りや物販は初速が出にくいが、上手に売ると大きく伸びる。

Chapter 12-5

コーヒーショップの繁忙期と閑散期

自家焙煎コーヒーショップで豆売りに注力した場合、繁忙期は12月、閑散期は8月です。

寒い時期はコーヒー豆が売れやすく、特に12月はギフト需要が伸び、お正月に向けての巣篭もり需要も被ることが大きいです。逆に、コーヒー豆は暑い時期には売れにくいので、7～9月が閑散期となります。自宅でコーヒーを淹れて飲む人が減るからです。

夏の時期にいったんコーヒー豆のお客様が減り、秋から徐々に増え、12月でいったんピークを迎えて1月はやや落ち込みますが、2月から5月に向けてじわじわと売上が増える。……こんなリズムを毎年繰り返すことになります。

ただし、出店エリアやお店のスタイルによって、これもかなり変化します。イートインの売上が多いお店では、4～6月が繁忙期となることもあります。これは、気温が良いことと日照時間が長いことが関係していると思われます。

豆売り中心のコーヒーショップ売り上げの季節変動

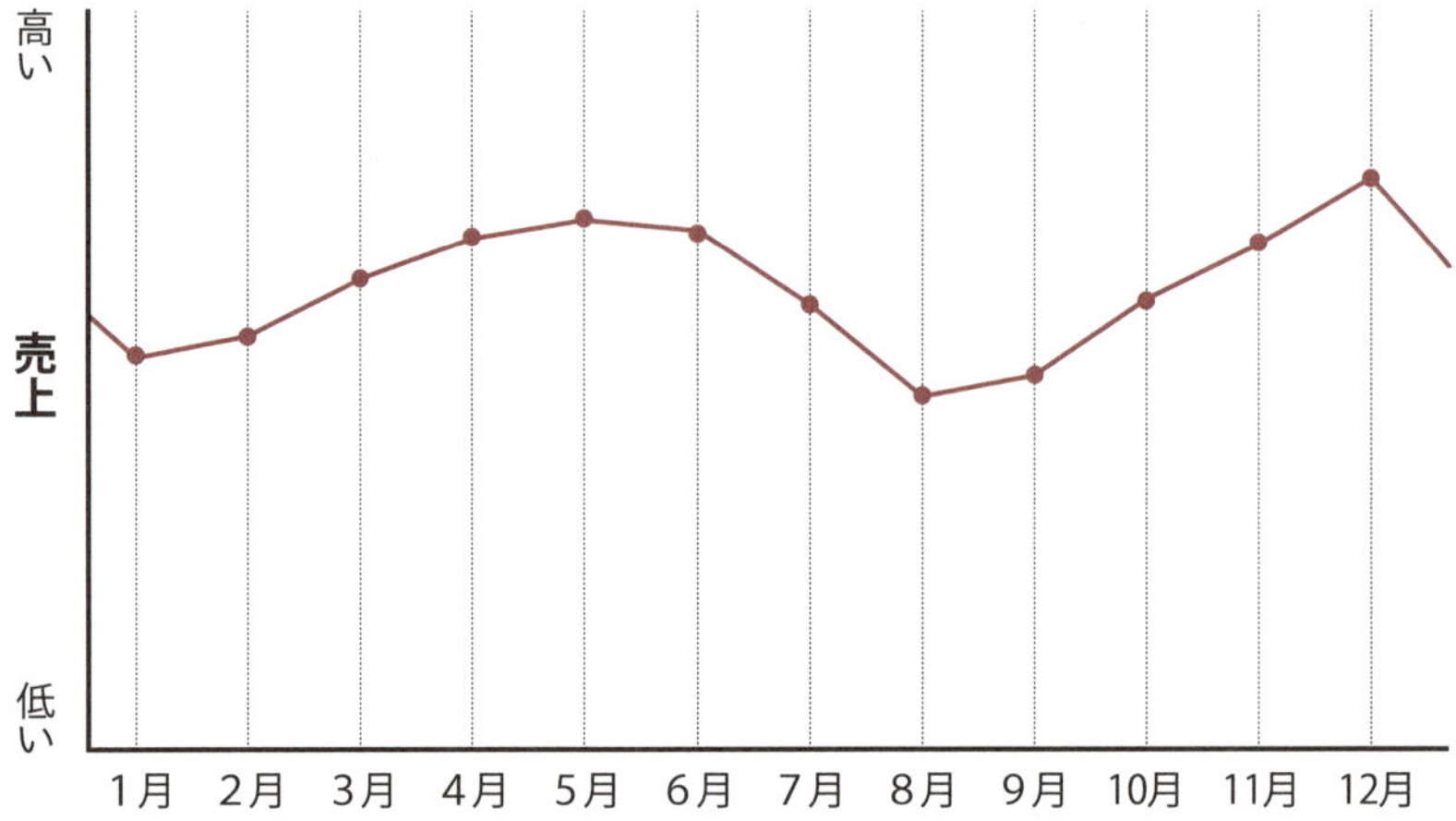
高い
売上
低い
1月
2月
3月
4月
5月
6月
7月
8月
9月
10月
11月
12月

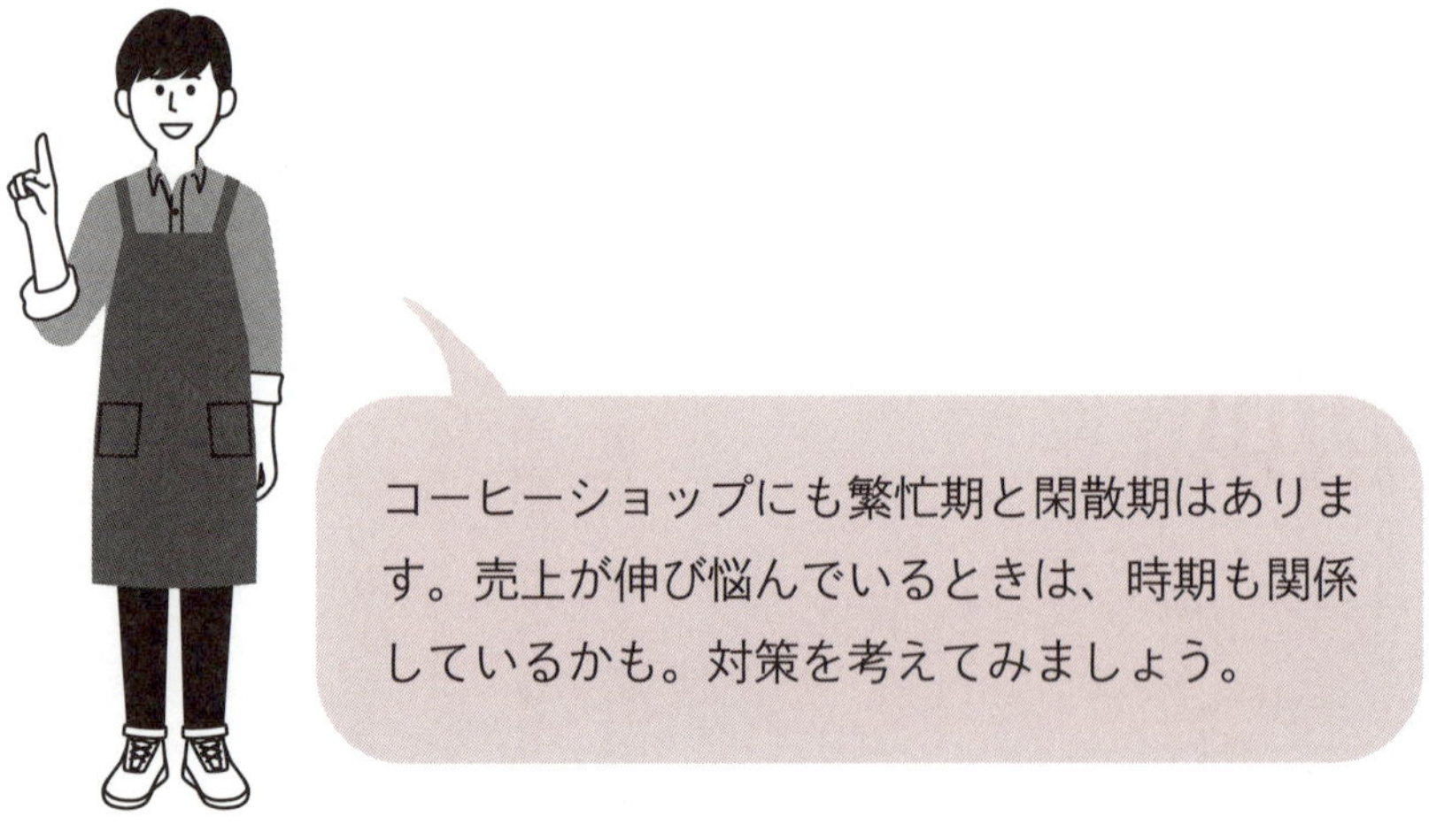
コーヒーショップにも繁忙期と閑散期はあります。売上が伸び悩んでいるときは、時期も関係しているかも。対策を考えてみましょう。

Chapter 12-6

売上が伸びないときはどうすれば良いか

お店を成功させられる方と上手くいかない方の違いは、「試行錯誤の手数の違い」だけかと思います。どれだけ準備万端で開業を迎えたとしても、**商売は「思っていたのと違う」の連続**です。想定通りにいくことなんて、普通はあり得ません。

何が売れて何が売れないのかなんて、フタを開けてみるまでは誰にも分からないのです。

特に商売未経験の方の場合、「思ったより全然売れない」「全然集客できない」という壁が立ちはだかることが多いでしょう。**その壁にどのように反応するかで、その後のお店の運命が大きく変わります。**

商売は、無限に続く改善の連続です。お店の売上が右肩あがりになる水準まで、お店のあらゆるところを改善するしかありません。品質やサービスはもちろんですが、掲示物やＰＯＰ、商品企画、商品ラインナップ、価格、デザイン、商品ディスプレイ、看板、店内レイアウト、外観、提供スピードなどなど……。改善できることは無限にあり、しかも優先順位を見極めながらスピーディに実行していくことも必要です。

先週と全く同じお店を今週もやっているようでは、動きが遅過ぎます。

あらゆる手を打っているうちに売上が上がり出し、いったん登り調子になっても改善は続けていく。それが繁盛店を作る王道ですし、長く商売を続けるコツかと思います。
成功したお店の経営者であっても、実は何で成功したのか分かっていないものです。成功したお店は試行錯誤の数が多いです。無限に打った施策の中でいったいどれが効果を発揮しているのかなんて、経営者自身も分かりません。さらに言うと、お店が成功する要因なんて、お店ごとによって異なります。自分で探り当てるしかないのです。

商売未経験で力のない人が試行錯誤を繰り返しても、最初は効果が出にくいです。しかし、それでも続けるしかありません。初期はとにかく数が重要です。

そのうちに徐々に成功の器が満ちてきて、あるとき、器が満タンになり溢れる時期を迎えます。そのとき、売上は上がり出し、結果が出るようになります。

それまではやってもやっても結果が出ないという、暗闇の中を進む感じになりがちです。しかしこれは、独立する人の多くが一度は通る道かと思います。

一度結果が出たら、成功体質になりますので、今までとは比べものにならないくらいの大きな可能性が見えてきます。私の肌感ですと、**商売する力を培うのには2年くらい**かかります。何事も初心者を脱して結果が出る中級者レベルになるには、**1，000時間**かかるという説があります。2年という期間は、この1，000時間説が当てはまっているように思えます。

失敗してしまう方は、力がないままに開業に過剰なお金をかけてしまいます。**すると、力をつけるまでの2年間、経営を持たせることが難しくなります。**そのため商売未経験の方は、

スモールスタートが鉄則（副業で始めて力を培うと安全です）。そこから試行錯誤を繰り返し、毎日、１時間半の時間をかけてお店の改善に取り組む。すると２年で１０００時間。その頃には商売に必要な筋力がつき、お店を軌道に乗せることができるようになります。

Coffee

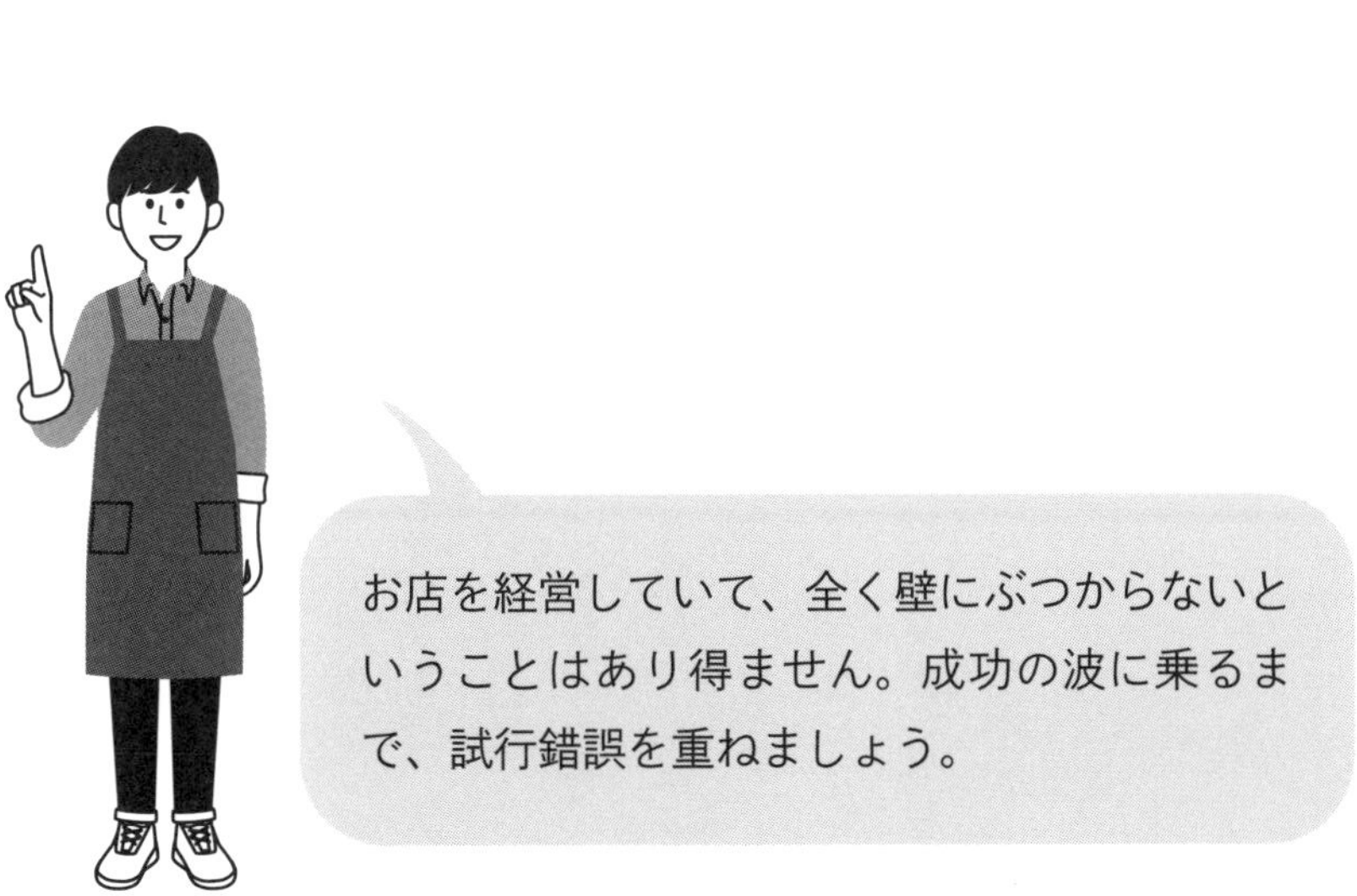
お店を経営していて、全く壁にぶつからないということはあり得ません。成功の波に乗るまで、試行錯誤を重ねましょう。

Chapter
12-7

夏場の売上減対策

先にもお伝えしましたが、**コーヒーショップの閑散期は夏場です。**特にコーヒー豆売りをメインとするお店であるなら、尚更です。暑い時期は自宅でのコーヒー豆消費量は下がりますし、またギフト需要でコーヒー豆やドリップバッグも選ばれません。さらに最近の８月は暑すぎて日中出歩くのが危険なレベル。お盆の時期もあり、地域によっては人がいなくなります。悪い条件が重なります。

だから、夏場は売上が下がるのが当たり前、しょうがない……、と普通はなるのですが、**しかし対策をしない理由にはなりません。**

そもそも、**夏の商材作りはコーヒーショップにとって、通常のオペレーションから逸脱するものが多いです。**そのため取り組まないショップが多く、どうしても売上が下がります。夏の売上が下がるのは、夏場に売れる商材がコーヒーショップには少ないからでもあります。だからこそ、ここに正面から取り組むことによって、売上は大きく変わってきます。

それでは、コーヒーショップの夏場の商材にはどのようなものが考えられるのか、解説します。

・**夏向けシーズナルドリンク**

夏に豆は売れないですが、**ドリンクは出る**

季節です。そこで、**アイスコーヒーやアイスカフェオレ、コーヒーフロート、水出しコーヒーなど王道メニューの他にもシーズナルドリンクを出さない手はありません。**

最近ではジュースや炭酸飲料を使用したアイスコーヒーのアレンジレシピが一般化してます。代表的なものはエスプレッソトニック、エスプレッソソーダです。トニックウォーターやソーダにエスプレッソを注いで、綺麗な２層になっているコールドドリンクです。

ただし、これらのアレンジ系アイスコーヒーメニューは、なかなか売上の柱にはなりにくかったりします。認知度がまだまだ低いなどの色々な理由がありますが、大きな理由としては味だと考えています。少し渋みがあったりして、純粋に「美味しい！」と思える味でもなく、リピーターを獲得し難いという肌感があります。

対策としては、エスプレッソを使わずに浅煎りの水出しコーヒーを使用することです。こうすることで渋味がなくなりますし、浅煎りの水出しならではのフルーティさとジュースや炭酸飲料の相性は抜群です。**カットフルーツなどを盛りつけて、見た目を豪華にするなどの工夫も必要です。**

・水出しコーヒーパック

近年、プレゼント需要も拾えるようになり、売上を作りやすくなったドリップバッグ。しかし夏場は豆と同様に売上が下がります。**そこでドリップバッグの代替となるのが水出しコーヒーパックです。**最近は認知度も上がってきていますので、徐々に売れるようになりました。

作り方は簡単。**コーヒー関係のパッケージ屋**

がパックを取り扱っていますので、それに粉を詰めてシーラーで封をするだけで作れます。

・コーヒーゼリー

夏向けのスイーツの販売も、貴重な売上になります。カフェ色が強いお店では、コーヒーに合うスイーツが良いですが、食品販売店色が強いお店ではコーヒー専門店ならではのスイーツがよく売れます。

代表的なものは、もちろんコーヒーゼリーです。他にもコーヒー牛乳プリンなども考えられます。**お持ち帰りできるパッケージにして、ついで買いやまとめ買いを誘うのが、売上を作るコツとなります。**業者にOEMを頼むと、常温保存可能で日持ちのするコーヒーゼリーを作ることもできます。

・アイスコーヒーのボトル売り

コーヒーのボトル売りには2種類あり、業者にOEMして作る保存期間の長いもの。それと、店内で抽出しているアイスコーヒーをそのままボトルに詰めるものがあります。このうち、おすすめなものは後者です。

自宅で美味しいアイスコーヒーを飲みたいというニーズは強くありますが、しかし自分でアイスコーヒーを作るのは面倒な作業です。そこで店内で抽出した新鮮で美味しいアイスコーヒーを、そのままペットボトルに詰めて販売すると喜ばれます。

ただし注意点があります。あくまで飲食店として提供できるものは、その場での飲食を前提とするもの、ということです。そのため、**お客様の注文が入ってからボトルに詰めて提供する、**という順番を守ることが求められます。

・ソフトクリーム

ソフトクリームは、暑い時期の売上対策としては頼もしい存在です。コーヒーを入れて、コーヒーソフトクリームにすると専門店の特別感も演出できます。

ただし、コーヒーはほぼ水分です。コーヒーを配合する比率を上げれば上げるほど、ソフトクリームの食感が悪くなり、シャーベットっぽくなっていきます。**どのくらいコーヒー感を出したいかは、その食感とのバランスを見て決めることになります。**

しかし、**ソフトクリーム導入のハードルはやや高めです。**ソフトクリームフリーザーが非常に高価ですし、業務用電力を必要とする機種も多いからです。それでもソフトクリームの売上は魅力的ですし、またフロートやアフォガードなど、ドリンクやスイーツメニューの幅も広がります。下手したら1～2シーズンで投資費用を回収できたりもしますので、導入の検討を一度はしてみることをおすすめします。

・かき氷

35度を超えるような猛暑日ともなると、実はソフトクリームすら売れなくなります。暑過ぎると、人はしつこい甘さのものを受けつけなくなるようです。そんな夏の暑さのピークは、かき氷がよく売れます。また、**かき氷の旗を店頭に掲げておくことで、集客効果も期待できます。**

そしてかき氷も、コーヒーショップとしてコーヒー味を開発すると、専門店感があって売れ筋商品となるでしょう。

コーヒーシロップの作り方は簡単です。アイスコーヒーとグラニュー糖を1：1で混ぜて火にかけ、1回沸騰させればＯＫです。

Chapter 12-8

ワンオペでどこまでできるか？

従業員を雇わず、自分一人でお店を回し、自分のペースで経営していきたい……。コーヒーショップ開業を目指す個人の方で、そんな人はとても多いです。「稼ぎたい」より、「リスクを取りたくない」、「快適な毎日を送りたい」そんな人が多いからだと思います。稼ぎたい人は、もっと稼ぎやすい業界は他にいくらでもありますので、そちらに行きます。

また、独立を目指す方は個人で稼ぐという成功体験を積んでいないことがほとんどなので、視座が低いという面もあります。**自分が店を何店舗も展開し、しかも人を雇ってマネジメントしつつも、豊かに生きる未来像が最初は描けないのです。**だから、自分一人で回すような小さいショップの開業を夢見がちです。

私もかつてはそうでした。

しかし、一度成功体験を経験すると、今まで見えてこなかったものが見えてきます。「あれもこれもやってみたい……」、「自分にもできるんじゃないか……」、などなど欲も出てきますし、色々な縁にも恵まれ出します。**すると、自然と人を雇ってでもやってみよう、という気になってきます。**

最初は大きなリスクを取る必要はないので、自分一人のワンオペでのスタートで十分かと思います。しかし、商売の筋力がつき、売上が増え、やりたいことが増えるとなると、**いつか従**

業員の採用に踏み切るタイミングが来るでしょう。

そこで、ワンオペでどこまでやれるのか？　人を雇うタイミングはいつ頃なのか？　考察してみたいと思います。

ワンオペで何がどこまでできるかは、当然お店のスタイルによって異なります。

- 自家焙煎したい
- お客様の注文に応じた焙煎にも対応したい
- ハンドドリップをしたい
- エスプレッソも提供したい
- 自家製スイーツも提供したい
- ランチなどフードもやりたい
- 手詰めドリップバッグも作りたい

理想は色々とあるでしょう。**ただし、これらを一人で全て行うことは、ほぼ不可能です。**

よっぽど売上が低いお店なら、できるかもしれませんが……。

そこで**取捨選択が必要**となります。例えば、次のような感じです。

- 豆売りに注力するなら、フードを諦める
- 注文焙煎に対応するなら、ハンドドリップを諦めてマシンドリップにする
- 逆にハンドドリップにこだわりたいなら、注文焙煎やフードも諦める

私の肌感として、一人で毎日継続できる売上は、運営を効率化しても4～5万円程度までです。これを超える売上は瞬間的になら対応できますが、継続するとなると難しいです。お店が荒れたり、自分の体力や精神力がもたなかったり、色々と弊害が出てきます。

そのため、**1日の売上が4万円を安定的に超**

えるようになった時点が、決断のときとなります。人を採用するのか。それとも、もっと取捨選択を進めるか。

多くの人は、人を採用する方向に行くかと思います。

そこまで売上が作れるということは、一つの成功体験だからです。今まで見えなかった可能性が見えるようになり、欲も出てきます。

ただし、取捨選択を進めるお店も、少ないながらもあります。豆売りがメインの店であれば、ドリンクの提供を切り捨てたりする事例もあります。売れるのものを伸ばし、売りにくいものを切り捨てるのは、これも賢い選択と言えます。

自分の資質や、自分の将来、お店の状況などを総合的に考え、判断すると良いでしょう。

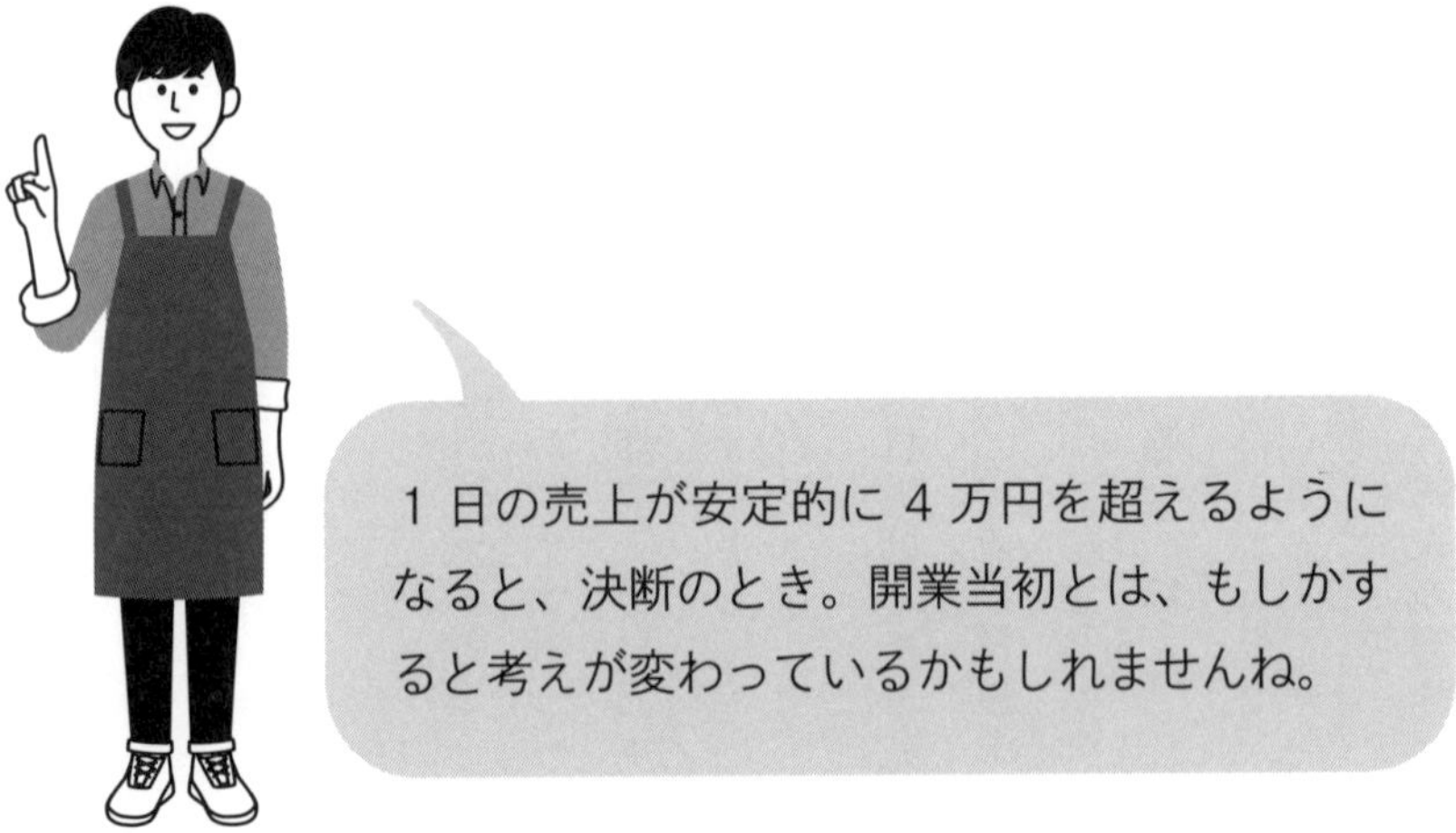
1日の売上が安定的に4万円を超えるようになると、決断のとき。開業当初とは、もしかすると考えが変わっているかもしれませんね。

Chapter 12-9

自動化を上手く取り入れる

最近では焙煎機やコーヒードリップマシンもスマート化が進み、自動で美味しいコーヒーを提供できるようになりました。しかし、今でもハンドドリップのようなマニュアル作業にこだわるお店は多いです。コーヒーショップをやるような人は、意識が高い職人気質の人が多いからです。

ただし、必ずしもマニュアル作業が正解、というわけではありません。**実はお客様が好む味を、マニュアルによる手作業よりもマシンの方が提供できるという可能性は、大いにあり得ます。**

焙煎も、全自動焙煎機のコーヒーの味の方が好き、というお客様も実は多いです。こだわりまくって、マニュアル作業したからといって、それがお客様の好きな味になるとは限らないのです。

さらに言うと、**マニュアル作業にこだわれば人件費が嵩みます**ので、それは商品価格に反映されてしまいます。**「世の中に提供した価値＝自分が受け取るリターン」です。**その価値を最大化するために、マニュアル作業にこだわることが障害になるケースは多々あります。自動化を進め、品質を保ちながら素早く、より安く提供した方が、良い結果になることもあるでしょう。

しかしもちろん、ハンドドリップとかマニュアル焙煎しているコーヒーショップの方が好き、というお客様もいます。そのような方に向けては、マニュアル作業にこだわることは良い価値提供になります。だから、「自分は何をもって世の中に価値提供したいのか？」、これを突き詰めて、商売の軸の一つとして持つと良いかと思います。

その上で、ここでも取捨選択をすることになります。どの部分をこだわり、どの部分を自動化して効率化するか。全部こだわって、焙煎も抽出もマニュアルでやるが、その代わり人を多く雇って高単価で勝負するか。逆に、全てマシンで自動化し、ワンオペで、リーズナブルなお店にするか。焙煎だけこだわって、ドリンクとしてのコーヒーはマシンドリップにするなどバランスを取るか。色々と組み合わせは考えられます。

自分なりのスタイルを考えてみてください。

そのときには、次の点を踏まえて、取捨選択すると良いかと思います。

- **マシンで自動化しても「お客様が好きな味」を提供できること**
- **世の中に提供した価値＝自分が受け取るリターンであること**

すると、お金も時間も豊かになれるコーヒーショップ経営を実現させやすいかと思います。

Chapter 12-10

「美味しい」の勘違い

「美味しいコーヒー」とはどのようなものでしょうか？　カッピングが普及し、コーヒーの品質に点数がつけられるようになりました。ただし、**「高い点数」＝「美味しい」ではありません。**

そもそも、人それぞれ味覚は異なります。そして当然、美味しいと感じるコーヒーも人それぞれです。点数の高い豆よりも、点数の低いコーヒーを美味しく感じる人も一定数います。

だから、**味に関しては「美味しい」より「好き」と表現する方が、より適切です。**そう、**コーヒーの美味しさなんて、単なる「好き嫌い」なんです。**

「自分のお店のお客様が感じる『好き』な味を適切な価格で提供できるか」。これが、コーヒーショップにとっては唯一の基準になります。コーヒーの味の正解なんて、コーヒーショップによって異なって当たり前なのです。

それをカッピングという便利な基準があるからといって、自分の基準作りを放棄してしまうのは、ナンセンス。コーヒーショップの姿勢としては、未熟ではないかと思います。

そして、**自分のお店のお客様がどのような味を好むかなんて、やってみなければ分かりません。**最初は分からないことを受け入れ、それでも始めてみる。

そして、お客様の反応や売上から、自分のお店の正解の味を探っていく。
　これがお客様に支持され、売上を作れるお店の姿勢かと思います。

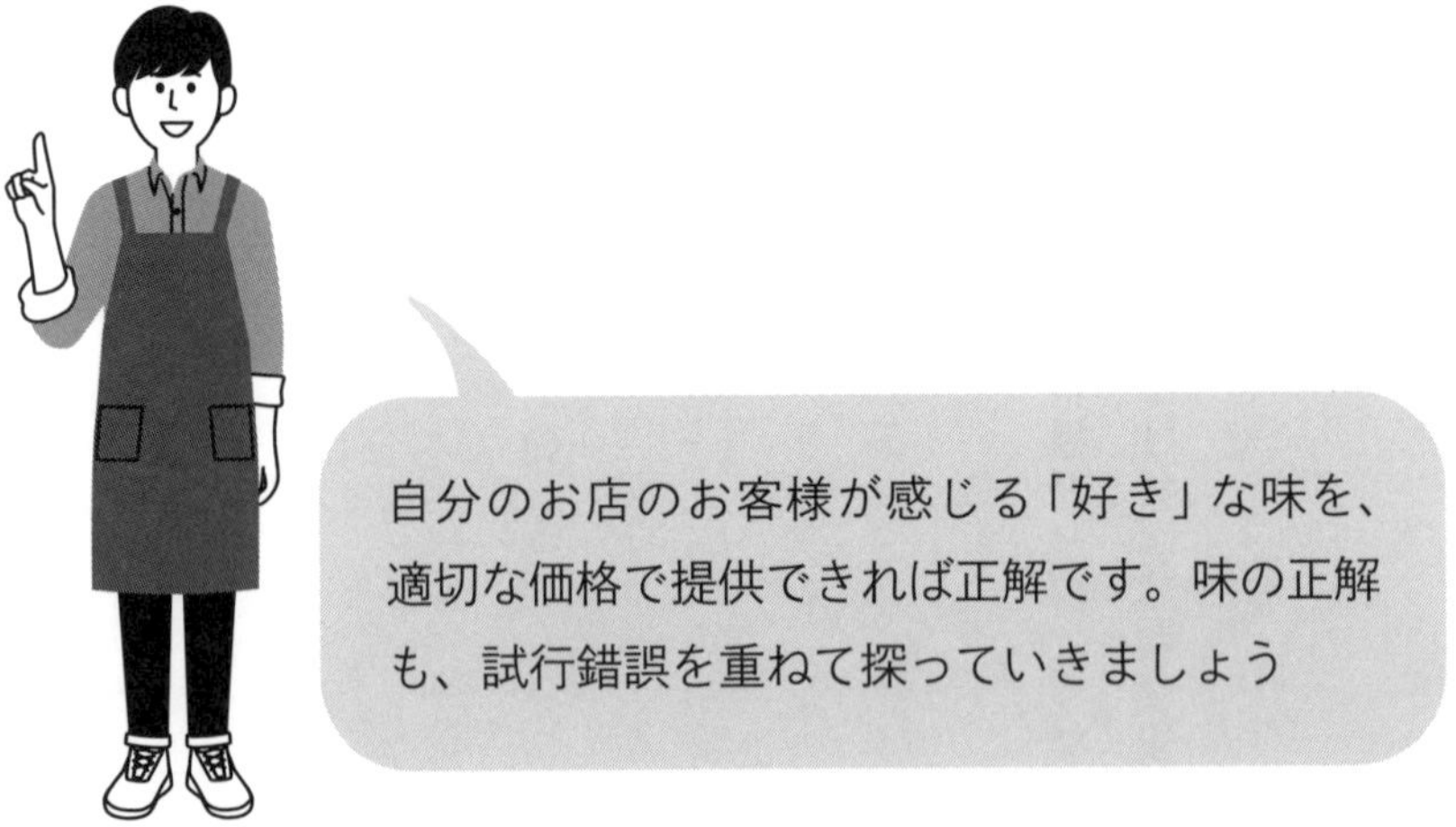
自分のお店のお客様が感じる「好き」な味を、適切な価格で提供できれば正解です。味の正解も、試行錯誤を重ねて探っていきましょう

Chapter 12-11

コーヒーショップ経営で豊かに生きるためには

「コーヒーショップとして、どのようにお金や時間を生んでいくか？」ということの解説をいくつかさせていただきました。**しかし、お金や時間は豊かさの全てではなく、一部です。**

自分の好きなことをやって、自分なりの充実感を感じることも豊かさの一面。精神的な豊かさもまた、重要です。

コーヒーショップ経営の良いところは、ビジネスと自分の感性を自分なりにバランスを取って両立させやすいことかと思います。

一見、ビジネス的な経営をすると感性を犠牲にしなければいけないように見えます。ビジネス優先にすると、効率重視で手作業ではなく自動化したり、おしゃれさよりマーケティング要素を優先したり。

逆に感性優先なお店は、おしゃれな内装などにこだわるあまり、集客面で難しくなったり。ハンドドリップにこだわり、コストが嵩んでしまったり。

こんな感じで、ビジネスと感性は一見すると相反するもののように見えます。しかし実は、この2つは両輪だと思います。相反するものではありません。

ビジネス筋力がつけば、感性を出せる領域が広がる。感性がなければ、ビジネスの持続的な拡大もできない。そんなイメージです。

そしてこの順番が大切かもしれません。**まずはビジネス、次に感性。**

この業界には、おしゃれなコーヒーショップをやりたい、と思う感性優先の人が多いと思います。ただし最初から感性重視でやろうとすると、いつまで経ってもお店が軌道に乗らなかったりします。そんな経営では、結局、自分一人が食べていくだけで精一杯です。それでも精神的には豊かになれるかもしれません。しかし、お金と時間が豊かにならない。コーヒー業界にはそんな人が多いように見えます。

だから最初は、ビジネス色を強く意識したスタートがおすすめです。

まずは、**お店の出店地域にいる人々に対し、価値をしっかりと提供する。必要とされるものを提供し、必要とされるお店になる。**

しっかりビジネスの力を身につけ、まずは金銭的に豊かになる。

そこまで結果を出せば、力がつきます。すると、お客様のニーズを把握し、そこにどうやって自分の感性でアプローチをすれば良いか、その道筋が見えてくるようになります。**自分の感性を使って価値提供できる力が身につき、自分の感性でもお金を生み出せるようになります。**

そこまでいけば、それは自己実現です。充実感を感じられるようになり、精神的にも豊かになれます。

ビジネスからスタートし、そこに感性を統合させていく。この順番が良いのではと思います。「自分が良いと思うものは、みんな良いと思うに違いない」という未成熟な思考から脱却し、「みんなが良いと思うものに、自分の良いを適応・統合させる」という成熟した商売を、目指していきたいものです。

まずはビジネス、次に感性です。ビジネス筋力をつければ、感性でもお金を生み出せるようになります。素敵なお店作り、応援しています！

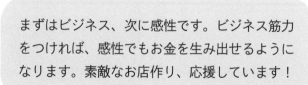

おわりに

2023年から24年にかけて、国内外500店舗のコーヒーショップを巡る旅を行いました。その旅の中で、イタリアのバールと呼ばれるコーヒーショップを見て回る機会がありました。バールは、現地の人々の生活にとても密着しており、イタリア人は1日に3回バールに行くといわれています。朝にはカフェラテ、ランチ後にエスプレッソ、夕食前には食前酒、という具合です。日本でもおしゃれなコーヒーショップが増え、人々の生活に浸透しつつあります。しかし、イタリアと比べるとその密着度が違うなと気づかされます。

思えば近年の日本のコーヒーショップは、海外の影響を多大に受けてきました。セカンドウェーブと呼ばれるスターバックスしかり、ブルーボトルなど西海岸系、フグレンをはじめとした北欧系などのサードウェーブしかりです。サードウェーブ系の波は地方にも普及し、そのようなコーヒーショップは日本中で現在も絶賛増殖中です。

ただし、人々の生活に深く食い込んでいるコーヒーショップといえば、どうでしょう？　イタリアのバールのように、幅広い層のお客さんが毎日のように利用するお店で、日本の代表例となると……。

食品販売型コーヒーショップの代表的なお店というと、カルディ。カフェ型コーヒーショップではドトールになるかと思います。どちらも素晴らしいチェーンですし、人々の生活に密着できています。

しかし、これをもって日本のコーヒーショップ代表とするのは、少し寂しい気がします。日本のコーヒー業界は、世界に誇れるような日本ならではのコーヒーショップスタイルを、未だに打ち出せていないのではないか？　そんな気がします。

確かに、サードウェーブ系の新しいショップも、とても良いお店ばかりです。高品質を追求しつつ、高い美意識のスタイリッシュなお店が多い。ディテールやクオリティの追求は日本人の十八番です。

しかし、自らのルーツやスタイルに根差したものではありません。そのため、次のウェーブが来たら、また席巻されてしまう可能性はあるかと思います。

ウォークマンは、各メーカーが高機能の追求を競っていました。しかし、iPodという黒船の登場で一掃されました。このような流れを、この業界もセカンドウェーブとサードウェーブで経験しました。

今のままでは、今後も繰り返すことになりそうです。

一方でソフト面。日本のアニメは世界を席巻しています。これは、自分達のルーツをベースとして保ったまま、それに海外からの要素を取り込んで統合していった結果かと思います。

片や、高品質やスタイリッシュな内装など機能性やハード面の追求。

片や、文化をベースとしたソフト面の追求。

コーヒーショップとしてどちらを踏襲すべきかは、明らかなように思えます。


では、コーヒーショップのソフト面とは何なのでしょうか？　文化、スタイル、提供している価値など、目に見えない部分です。

しかも、コーヒーショップは食品販売とイートインが混在している、やや特殊なスタイル。コーヒー専門店として、高付加価値な商品を充実させて、お店では特別な体験をしてもらいたい。オリジナリティも追求したいし、非日常な空間も提供したい。でも入店のハードルは下げて、幅広い層の人に日常使いしてもらいたい。

日本ならではのスタイルで、このようなことを実現できているような事例は、あるのだろうか？

……そこまで考えたときに、意外と身近なところに理想的なモデルがあることに気づきました。

「道の駅」です。

道の駅では、次のようなことを実現しています。
- 老若男女問わず気軽に来店できる
- 地域の人の生活に浸透している
- 観光客需要も拾える

- その土地ならではのオリジナリティを追求できる
- 地域で連携し、地産地消も実現できる
- 情報発信の場でもある
- イベントやコミュニティ作りもできる
- 安心安全で鮮度の良い食品の提供
- そのお店での購買体験自体に価値を感じてもらえる
- 休憩できる場所、くつろげる場所、日常使いできる場所でもある

我々がチャレンジする方向性は、「コーヒー特化型の道の駅」が良いのではないか？　最近では、そう思うようになりました。道の駅のエッセンスを抽出し、それをコーヒーショップの軸に当てはめてみる。そのとき、どのようなお店が誕生するでしょうか？

私達は、そろそろ自分達の足元にも目を向けても良い頃です。自分達のオリジナルスタイルを構築し、それでもし結果を出せたら……。私達も、胸を張って「これが我々のスタイルだ」と打ち出せるのでは？　このような思いが湧き起こってきました。

この本が出るタイミングで、そのような考えに基づく店作りの第一号店がオープンします。このお店を第一歩として、いつかは私達独自のコーヒーショップのスタイルを作り上げ、海外から

も注目されるような未来を描きたいです。この本をきっかけに、お客様が感じる価値の多様性を掴み、道の駅のように幅広い価値を提供できるコーヒーショップ作りに参加する人が増えたら、とてもうれしいです。

最後に、この本作りに協力してくださったギャラリーディレクターの田森葉一氏。デザインのChapterの内容とスライドの提供、ありがとうございました。また、巻頭の事例紹介に快く応じてくださった各ショップのオーナー様、ありがとうございました。この場を借りて感謝いたします。

市川ヒロトモ

御豆屋　訪問

最後に著者自ら経営するお店を参考に、
この本で紹介した大事なポイントを振り返りましょう！

「コーヒー特化版道の駅」コンセプトの著者の実店舗。

2024年11月オープン。

敷居が低く、幅広い層の人がついついフラっと立ち寄ってしまう店作りを目指しています。

物販が中心でコーヒー豆の種類は約30種類。ギフトなど関連商材も充実させています。

エスプレッソ風味のお団子、エスプレッソの琥珀糖、エスプレッソソフトクリームなど、実験的な試みも多数。

御豆屋
〒133-0057　東京都江戸川区西小岩1-28-18 ケイエスビル1F
お店の広さ：約15坪
客席数：10席

お店の正面の顔は、とにかく分かりやすく。
ドアは開放して、店内を外から見通せるように。
そして暖簾には大きく「COFFEE」の文字。物販店であることをアピールするために商品棚も店頭に出します。これには入店のハードルを下げる効果も。

焙煎機はアイ・シー電子の全自動焙煎機トルネードエース。
少量焙煎に対応しており、焙煎時間も短いので注文後の焙煎に対応。
そのため、コーヒー豆の多品種販売も可能。
顧客満足度の高い販売手法で、豆売り店としての価値を最大化しています。

焙煎で出る煙と香りは、ダクトを通してお店の正面に出すようにしています。
香りは強い集客効果があり、それを利用。
ダクトは太めで緩やかな勾配をつけており、できるだけ煙の抜けを良くしています。

入り口入ってすぐの場所にコーヒー豆の販売ディスプレイ。
その反対側にはドリップバッグなどの物販棚を設置。
客席はお店の奥に。
物販店としてのレイアウトを施しています。

コーヒー豆のディスプレイは、もっとも目立つ場所にもっとも広くスペースをとっています。
2段のひな壇プラス、壁にはディスペンサーを設置して迫力を出しています。
ディスプレイ台の下は、生豆の保管場所にもなっています。

幅広い層のお客様に対応できるように、ドリップバッグやギフト商材も充実。
従来のコーヒーショップが苦手としている、ギフト需要の取り込みを強化しています。
実験店としていてテストマーケティングの場でもありますので、尖った商品企画もやっていきます。

道の駅のように、小さなお子様連れでも立ち寄りたくなるようなお店を目指し、駄菓子も販売。
他にもベビーカー置き場を確保したり、カフェインレスメニューを充実させたり、細かい工夫を行なっています。

客席スペースには囲炉裏テーブルを設置して、団らんの場を提供。
ここではワークショップやセミナー、イベントなども行なっていきます。
コミュニティカフェの役割も担い、地域の人に開かれたお店を目指します。

お店ではお団子も焼き立てを提供。
和スイーツとコーヒーのペアリングを提案。
ご近所の年配の方も立ち寄りたくなるお店作りを行なっています。
写真はエスプレッソ味のお団子。
上にはカスタードクリームをのせています。

もっと
コーヒーショップの経営を知りたいあなたへ

AFRO BLOG

https://afroaster.com

カフェ・コーヒーショップ開業希望者向け無料メールマガジンご登録ページ

https://afroaster.com/mailmagazine

カフェ・コーヒーショップ開業コンサルティングサービスご案内ページ

https://afroaster.com/cafe-followup

note：カフェ開業お役立ちnote

https://note.com/indigocafe

↑
コーヒーショップ開業スクールのご案内もこちらから

Instagram：アフロ（市川ヒロトモ）

https://www.instagram.com/afro_coffee

X：アフロ（市川ヒロトモ）

https://x.com/icchicoffee

市川ヒロトモ（いちかわ・ひろとも）
株式会社 INDIGO COFFEE WORKS 代表。都心にてコーヒー専門店チェーンを立ち上げた後、個人としても自家焙煎コーヒー店を開業。今まで手がけたコーヒー専門店は 17 店舗に及ぶ。カフェの開業や経営についてブログや YouTube で発信。2023 年から始めたノマド生活をとり入れた国内外のコーヒー専門店を巡る旅は、すでに 500 店舗に達するが、今後も続く。著書に『ダブルワークからはじめる　カフェ・コーヒーショップのつくり方』（ぱる出版）。

未経験《みけいけん》からの自家焙煎《じかばいせん》コーヒーショップで独立《どくりつ》する方法《ほうほう》

2025 年 1 月17日　　初版発行

著　者　　市　川　ヒ　ロ　ト　モ
発行者　　和　田　智　明
発行所　　株式会社　ぱ　る　出　版

〒160-0011　　東京都新宿区若葉 1-9-16
03(3353)2835—代表
03(3353)2826—FAX
印刷・製本　中央精版印刷(株)
本書籍に関するお問い合わせ、ご連絡は下記にて承ります。
https://www.pal-pub.jp/contact

ISBN978-4-8272-1486-4　C0034